Barbara Balanzoni

La prova penale della responsabilità medica

pe
Primiceri Editore

Finito di stampare nel mese di aprile 2020
presso Rotomail Italia Spa - Vignate (MI)
per conto di Primiceri Editore Srls
Via Savonarola 217, 35137 Padova
Prima Edizione. Seconda Ristampa
ISBN 978-88-3300-022-0
www.primicerieditore.it

CAPITOLO 1

INTRODUZIONE - LE PROVE IN GENERALE

1. Introduzione

Il codice di procedura penale del 1988 ha accolto, seppure con temperamenti, la scelta del sistema accusatorio, indicata come direttiva della legge delega n. 81 del 1987. L'accoglimento del principio dialettico ha comportato importanti conseguenze in tema di prove. I poteri di ricerca, ammissione, assunzione e valutazione della prova devono essere divisi e ripartiti tra giudice, pubblico ministero e difesa, in ossequio al principio della separazione delle fasi processuali. Il giudice deve essere imparziale e in posizione di assoluta neutralità e deve disporre dei poteri necessari per dirimere i momenti di contrasto. Mentre il codice del 1930 presentava una estrema indeterminatezza nell'individuarne del concetto di "prova", nell'attuale modello processuale si è intesa fare della disciplina della prova uno dei suoi punti-chiave[1].

Il libro terzo del codice di procedura penale delinea un vero e proprio "diritto delle prove". Al giudice è riservato il potere di decidere, alle parti quello di ricercare le prove, chiederne l'ammissione, partecipare alla loro assunzione, contribuire alla formazione delle stesse, in un contesto caratterizzato da un vero e proprio principio di legalità processuale in materia probatoria.

L'attuale codice evita di qualificare come prove gli elementi raccolti nel corso delle indagini preliminari, e sembra così postulare un legame

---

[1] CHIAVARIO, La riforma del processo penale, Torino, 1990, p.123

inscindibile tra l'ambito probatorio e la fase dibattimentale o quella, direttamente anticipatrice, rappresentata dall'incidente probatorio[2].

2. Le prove in generale

La prova serve per accertare l'esistenza di determinati fatti considerati rilevanti ai fini della decisione giudiziale. La prova, pertanto, è tutto ciò che consente al giudice di decidere sulla innocenza o colpevolezza dell'imputato al di là di ogni ragionevole dubbio.
Le prove possono consistere in atti o documenti idonei a fornire la certezza circa il modo di essere del fatto relativo al merito del processo (ad esempio l'innocenza o la colpevolezza dell'imputato).
Le prove sono ammissibili solo se concernono fatti rilevanti per il processo.
L'oggetto della prova è disciplinato dall'art. 187 c.p.p. che enuncia il principio di pertinenza al *thema probandum*. Per la giurisprudenza di legittimità la pertinenza è inerenza al tema di prova ed è il limite coessenziale all'ammissibilità della prova stessa sicché l'esclusione, ove essa difetti, può avvenire anche nella fase degli atti preliminari[3].
Si è inteso, in questo modo, prendere le distanze dal precedente codice, nel quale il giudice istruttore aveva l'obbligo di compiere tutti gli atti che apparissero necessari per accertare la verità. Quella formula, così ampia, non poneva limiti al giudice istruttore, aprendo la strada a (possibili) abusi.
Secondo la giurisprudenza non sono invece oggetto di prova, ma possono essere considerati accertati, senza particolari argomentazioni dimostrative, i fatti notori, quelli cioè la cui conoscenza fa parte di un patrimonio di cognizioni comuni alla generalità delle persone.
I fatti da provare si riferiscono all'imputazione, alla punibilità, alla determinazione della pena o della misura di sicurezza, all'applicazione di norme processuali e, qualora vi sia costituzione di parte civile, alla responsabilità civile derivante da reato (art. 187 c.p.p.).
La decisione del giudice -come anzidetto- può essere sia di condanna che di proscioglimento; il termine "prova", infatti, inerisce sia alle prove contro (a carico) che a favore (a discarico) dell'imputato.

---

[2] RIVELLO, La prova scientifica, Giuffrè, 2014, p. 24

[3] Cass. pen., sez V, 7 agosto 1996, Locata

Il codice di procedura penale del 1989 ha accolto il modello accusatorio, cioè incentrato sulla formazione della prova davanti al giudice del dibattimento e nel contraddittorio delle parti. Sul pubblico ministero grava l'onere di provare quanto enunciato nel capo di imputazione. Alla difesa spetta il compito di confutare la tesi dell'accusa o dimostrare che i fatti si sono svolti in modo diverso.
La prova si forma, dunque, nel contraddittorio - attraverso l'esame incrociato - e presuppone una condizione di parità tra accusa e difesa in applicazione dell'art 111, co. 4 della Carta del 1948. Il contraddittorio può essere derogato nei soli casi regolati dalla legge (art. 111 co. 5 Cost.).
Il processo penale ha come obiettivo la ricerca della verità, anche se la verità non assurge più a dogma come accadeva nel modello inquisitorio. Il diritto di indagare è concesso alle parti durante tutto il corso del procedimento e costituisce un presupposto fondamentale per la realizzazione del contraddittorio (artt. 24 co.2 e 111 co.2 e 4 Cost.). Si cerca una "verità processuale", ossia quella ricostruzione di fatti e circostanze come emerge all'esito del dibattimento nella parità delle parti innanzi ad un giudice terzo. Solo quello che è "riproducibile" nel contraddittorio delle parti, nè più nè meno come un esperimento di laboratorio con cui può o meno conformarsi la validità di una tesi empirica, è "processualmente vero". Il fine della ricerca della verità implica, tuttavia, che non possa essere lasciata solo alle parti (da qui la possibilità, seppur residuale, di intervento d'ufficio del giudice) lo sviluppo dell'attività probatoria[4].
Le prove si distinguono in dirette ed indirette. Le prime hanno ad oggetto lo stesso fatto da provare, le seconde (cd. prove indiziarie) hanno ad oggetto un fatto diverso da quale, tramite una argomentazione logica, il giudice può desumere il fatto da provare.
Nel processo penale non esiste una gerarchia di prove, nè esistono prove legali. Il giudice decide sulla base del proprio libero convincimento dando conto in motivazione del percorso logico seguito. Al diritto delle parti di ricercare la prova corrisponde infatti il dovere del giudice di dare una valutazione logica dell'elemento di prova raccolto in base alle regole di esperienza e delle leggi

---

[4] Cass. pen., 19 giugno 1997, rv. 208201.

scientifiche utilizzate. L'obbligo di motivazione ha una fonte costituzionale nell'art. 111 co. 6.
Nel modello accusatorio si distinguono i mezzi di prova, che sono strumenti o istituti processuali funzionali alla decisione giudiziale e i mezzi di ricerca della prova, che sono invece strumenti processuali necessari per consentire l'acquisizione delle fonti di prova.
Le prove sono valutate dal giudice, a cui spetta, in applicazione del principio *iura novit curia*, desumere il diritto dalle norme giuridiche idonee a risolvere il caso concreto, per cui, in merito, sarà inutile ogni indicazione delle parti[5].

3. Ammissione

Le prove penali sono richieste dalle parti (pubblico ministero e parti private) e ammesse dal giudice. L'art. 190 c.p.p. enuncia il principio dispositivo, tipico del modello accusatorio, tuttavia mitigato dalla possibilità di ammissione di prove d'ufficio in casi previsti dalla legge (co. 2).
L'art. 187 cit. funge da parametro di ammissibilità nel giudizio di ammissione della prova. Il giudice può escludere solamente, in applicazione dell'art. 190 c.p.p., le prove vietate dalla legge e quelle manifestamente superflue o irrilevanti. Sono superflue le prove che tendono a ottenere un dato conoscitivo già acquisito. Sono irrilevanti le prove inidonee a dimostrare l'esistenza, o meno, dei fatti da provare. Il giudice pertanto deve attenersi, nell'ammissione delle prove, ai criteri dell'art 190 cit. e al suddetto principio di pertinenza.
Il provvedimento che esclude le prove manifestamente superflue o irrilevanti non è sindacabile in sede di legittimità se congruamente motivato[6].
L'art. 187 c.p.p. configura un criterio diretto a rappresentare una sorta di cardine per l'intero sistema delle prove[7] che concerne anche l'impiego degli strumenti conoscitivi anche nel corso delle indagini

[5] Cass. pen., 26 maggio 1992, n. 660

[6] Cass. pen., 21 aprile 2010, rv. 246585

[7] GREVI, Prove, in "Compendio di procedura penale", a cura di CONZO-GREVI-BARGI, Padova, 2012, p. 310

preliminari e nell'udienza preliminare[8], dal momento che laddove si prescindesse dal requisito di pertinenza, lo sviluppo delle indagini si tradurrebbe in un insieme caotico e del tutto ingovernabile[9].
L'art. 187 c.p.p. fissa il tema di prova con un preciso ancoraggi ai principi di rilevanza e pertinenza, onde delineare un limite alla possibile estensione dell'accertamento penale. Dunque, non ogni fatto è significativo per il diritto.
L'art. 187 cit. mira ad evitare i rischi di una *inquisitio generalis*, col conseguente pericolo di mantenere, per un lungo arco di tempo, sostanzialmente indeterminato l'oggetto stesso del procedimento[10].
Nel processo penale (come in quello civile) esiste un vero e proprio diritto alla prova (art. 190 cit.) che deve trovare applicazione in ogni stato e grado del procedimento, quindi a partire dall'attività investigativa delle indagini preliminari, quando cioè ancora non può risultare chiaro se verrà, o meno, esercitata l'azione penale da parte del pubblico ministero. Ogni valutazione del giudice, non improntata a questi criteri di ammissibilità, lederebbe il diritto alla prova concretizzando una violazione di legge che vizierebbe la relativa pronuncia giudiziale[11]. Il diritto alla prova si esplicita anche nel diritto alla prova contraria che vale sia per l'imputato che per il pubblico ministero. Il diritto alla prova contraria è riconosciuto, con riferimento al solo imputato, anche nella Costituzione, all'art. 111 co. 3, dove viene proclamato il diritto di "*ottenere la convocazione e l'interrogatorio di persone a sua difesa nelle stesse condizioni dell'accusa e l'acquisizione di ogni altro mezzo di prova a suo favore*".
Il concetto stesso di prova contraria rende inutile il vaglio sulla pertinenza, in quanto in base all'art. 495 co. 2 c.p.p. la prova "contraria" ha per oggetto gli stessi fatti che costituiscono oggetto della prova "principale". Pertanto, è consentito al giudice unicamente non ammettere le prove vietate dalla legge e quelle che

---

[8] UBERTIS, La prova penale. Profili giuridici ed epistemologici, Torino, 1995, p. 59

[9] NOBILI, sub art. 187, in "Commento al nuovo codice di procedura penale", coordinato da Chiavario, II, Torino, 1990, p. 391 ss.

[10] NOBILI, sub art. 187 cit., II, p.390

[11] Cass. pen., 15 aprile 1993, rv. 193675

manifestamente sono superflue o irrilevanti[12]. Il diritto alla prova ha portata generale, è operante ed effettivo non solo nel dibattimento (dove "classicamente" si forma la prova), ma anche nell'incidente probatorio e nell'udienza preliminare (ad es. in sede di giudizio abbreviato).
Principio generale regolatore del diritto alle prove penali è il rispetto della libertà morale della persona (art. 188 c.p.p.), mai derogabile, nemmeno qualora vi fosse il consenso della persona interessata.
La disposizione dell'art. 188 c.p.p. trova applicazione "trasversale", essendo estesa a quanti (parti e testimoni) rendano dichiarazioni all'autorità giudiziaria e alla polizia giudiziaria. La libertà morale va rispettata anche in caso di prove atipiche (art. 189 c.p.p.), cioè di quelle prove non disciplinate dalla legge o perché non possono esserlo per la loro natura (cd. prove innominate) o perché, pur non rientrando tra i mezzi di prova tipici, mirano a ottenere risultati probatori tipici (cd. prove irrituali). Per le prove atipiche l'art.188 funge quindi da limite di ammissibilità.
I poteri di iniziativa probatoria del giudice, in fase di ammissione, costituiscono l'eccezione. Il giudice in dibattimento può ammettere una prova se risolta assolutamente necessaria (art. 507 c.p.p.), supplendo, in tal modo, all'inerzia delle parti. Non va, infatti, dimenticato che l'esito dell'accertamento in un procedimento penale incide sulla libertà personale che è un bene indisponibile della persona umana dichiarato inviolabile dalla Costituzione all'art. 13.
Il diritto alla prova implica anche l'esistenza del diritto di rinunciare alla prova ammessa. Tuttavia, al fine di fare salvo il principio dispositivo, tale rinuncia deve essere di accettata dall'altra parte e il giudice vi deve consentire (in linea con quanto accade ex art. 245 c.p.c. nel processo civile).

4. Prove non disciplinate dalla legge

A differenza del codice previgente, il codice Vassalli si è discostato dal principio di tassatività delle prove, introducendo per l'appunto la figura della prova atipica. La prova atipica può esse assunta dal giudice solo se risponde a due criteri: deve essere idonea ad assicurare l'accertamento dei fatti e non deve pregiudicare la libertà morale

---

[12] Cass. pen., sez. III, 20 febbraio 2012, n. 6673).

dell'individuo, ribadendo, quindi, quanto già enunciato dall'art.188 cit. Il giudice provvede all'ammissione della prova atipica sentite le parti sulle modalità di assunzione. La Cassazione afferma, sul punto, che il giudice è tenuto ad applicare i criteri legali per gli analoghi mezzi di prova tipici, ovvero a ricorrere a consolidate massime di esperienza[13]. Per parte della dottrina la norma serve a consentire una sorta di adattamento automatico al progresso tecnologico nel settore delle indagini. Per altra e più recente letteratura l'art. 189 cit. rappresenta un limite alle prove illegittimamente acquisite e funge da criterio interpretativo dell'art. 191 in tema di inammissibilità (su cui si dirà a breve). Le prove scientifiche rientrano tra le prove atipiche. Si rinvia, per approfondimenti, al capitolo dedicato.

5. Prove e indagini difensive

Il diritto alla prova non sarebbe realmente esercitabile se non fossero ammesse le indagini difensive, introdotte all'art. 391 *bis* dalla Legge 7 dicembre 2000, n. 397. La riforma ha dettato una disciplina organica e completa diretta a rafforzare i poteri di ricerca delle fonti di prova da parte della difesa.

Le indagini difensive, in attuazione dei principi fondamentali del giusto processo, sono tese a garantire una effettiva parità tra accusa e difesa, in particolar modo nella fase delle indagini preliminari dove è più marcato il divario tra i poteri del pubblico ministero e quelli della difesa. Gli elementi di prova raccolti dal difensore sono pertanto equiparabili, quanto a utilizzabilità e a forza probatoria, a quelli raccolti dal pubblico ministero. Il giudice al quale sia presentato il materiale raccolto nelle indagini difensive è tenuto a valutarlo unitamente a tutte le altre risultanze del procedimento spiegando, ove ritenga di disattenderli, le relative ragioni con adeguato apparato argomentativo.

6. Inutilizzabilità e nullità degli atti

L'art. 191 c.p.p. disciplina in modo rigoroso il regime della inutilizzabilità, statuendo che le prove acquisite in violazione dei divieti stabiliti dalla legge non possono essere utilizzate. Con questa norma si intende riaffermare il principio di legalità della prova

[13] Cass. pen., 12 settembre 1999, rv. 212468

secondo il quale solo le prove acquisite in modo conforme all previsioni di legge possono essere utilizzate ai fini della corretta formazione del convincimento del giudice.
L'inutilizzabilità è rilevabile anche d'ufficio in ogni stato e grado del procedimento. L'inutilizzabilità può essere assoluta o relativa, fisiologica o patologica. Una prova viziata da inutilizzabilità assoluta non può dispiegare alcun effetto di prova. Una prova affetta inutilizzabilità relativa può invece essere utilizzata solo per alcuni effetti (es. art. 63, co. 1, c.p.p., nel caso di dichiarazioni indizianti; art 350, co. 5 e co. 7, in caso di dichiarazioni rese alla polizia giudiziaria).
L'inutilizzabilità fisiologica attiene al principio della separazione delle fasi, motivo per il quale gli gli atti del fascicolo del pm non possono entrare nel fascicolo del dibattimento. Si ha, infine, inutilizzabilità patologica quando gli atti sono assunti in violazione di un divieto probatorio posto a tutela di diritti fondamentali della persona (per esempio, quando si sono violati il domicilio o la dignità della persona). Infatti, le Sezioni Unite della Cassazione (sent. del 24 settembre 1998) hanno ampliato la nozione di inutilizzabilità probatoria anche alle prove formate o acquisite in violazione dei diritti soggettivi garantiti in Costituzione.
Gli atti inutilizzabili presentano una inattitudine probatoria assoluta, in qualunque fase processuale. L'inutilizzabilità è una sanzione che consegue al mancato rispetto di garanzie procedimentali ritenute imprescindibili dall'ordinamento processuale. L'atto inutilizzabile rimane tale in qualunque fase processuale[14]. Si ritengono inutilizzabili per la Corte Suprema di Cassazione, ad esempio, le dichiarazioni provocate da un operatore della polizia giudiziaria il quale, dissimulando tale sua qualifica e funzione, rivolga domande a chi appaia fin dall'inizio coinvolto quale indiziato di reità nei fatti criminosi oggetto di indagini, o le dichiarazioni ricevute e non verbalizzate.
L'inutilizzabilità degli atti non va confusa con la nullità. Le due figure si riferiscono a diversi ambiti del fenomeno della patologia nell'acquisizione della prova. Secondo le Sezioni Unite, la nullità colpisce la prova assunta in base a un procedimento formativo che,

---

[14] Cass. pen., SS. UU., 31 maggio 1996, rv. 204811; Cass. pen. 14 maggio 1997, rv. 207441

sebbene irregolare, non si pone al di fuori del parametro normativo di riferimento. La nullità, cioè, riguarda la mancata osservazione di alcune formalità previste per l'assunzione della prova. L'inutilizzabilità, invece, discende dall'assunzione di prove intrinsecamente illegittime, o dallo svolgimento di un procedimento formativo manifestamente illegittimo, che lo colloca al di fuori del sistema processuale[15]. Sono da considerarsi "divieti" legalmente determinati tanto le proibizioni poste in modo esplicito, quanto quelle espresse nella forma del permesso subordinato a una ricorrenza di certi presupposti[16]. Per l'applicazione dell'art. 191, co.1, cit. appare necessario che il divieto sia specifico e non riguardi la mera inosservanza (da cui deriva una mera irregolarità) di formalità di assunzione della prova[17]. In dottrina si distinguono, pertanto, due ipotesi. Se la disposizione sul modo di acquisizione della prova è indispensabile per realizzare il modello legale, la sua violazione determina inutilizzabilità della prova stessa, in quanto il procedimento è posto a garanzia di un valore tutelato. Qualora, invece, la disposizione sul modo di acquisizione della prova non sia determinante per l'integrazione della fattispecie legale, si è in presenza di mera irregolarità, nel senso che l'eventuale trasgressione non incide sugli effetti che l'ordinamento si propone di conseguire.

L'inutilizzabilità non si propaga agli atti successivi. La sanzione, infatti, riguarda unicamente l'atto considerato e non può essere comunicato a quelli da esso dipendenti la cui assunzione sia regolare. Pertanto non può applicarsi alla categoria della inutilizzabilità la disposizione di cui all'art. 185 c.p.p. dettata in tema di nullità[18]. Secondo le Sezioni Unite, l'inutilizzabilità non è sanabile e non è disponibile dalle parti, le quali non si possono accordare per stabilire un diverso ambito di utilizzabilità o diversi rimedi processuali, nè possono rinunciare a eccepirla[19].

---

[15] Cass. pen., SS.UU., 16 maggio 1996, rv. 204644

[16] Cass. pen., SS.UU., 27 marzo 1996, Sala

[17] Cass. pen.,16 aprile 2008, rv. 239775

[18] Cass. pen., 18 marzo 2008, rv. 239746

[19] Cass. pen., SS.UU., 24 settembre 03, rv. 225467; id, 24 febbraio 2003, Ventre

La nullità è l'unica forma patologica descritta in modo unitario ed autonomamente disciplinata nel codice di procedura penale. La nullità procedurale non impedisce l'efficacia, seppure temporanea dell'atto. Non opera, insomma, il principio civilistico *quod nullum est nullum producit effectum*. Gli effetti prodotti dall'atto nullo hanno carattere precario in quanto destinati a essere rimosso con la rinnovazione dell'atto, a consolidarsi per effetto della sanatoria della nullità (artt. 183 e 184 c.p.p.), ovvero a divenire definitivi in caso di emissione di provvedimento irrevocabile, che non consente più di rilevare o eccepire utilmente le nullità, anche se assolute.
Il legislatore individua tre tipologie di nullità: assolute, a regime intermedio e relative, caratterizzate da una differente incidenza invalidante sull'iter procedimentale e da un diverso regime giuridico in ordine alla sanabilità del vizio e alla limitazione, temporale e soggettiva, della rilevabilità dello stesso.

7. Valutazione

Il codice di procedura penale disciplina all'art. 192 il momento fondamentale della valutazione della prova, attribuito in via esclusiva al giudice di merito il quale, attraverso lo strumento della motivazione, deve esplicitare le ragioni del suo convincimento. Il giudice ha il potere-dovere di scegliere, tra gli elementi probatori offerti al suo esame, quelli ritenuti più idonei al conseguimento della decisione. Il comma 1 esprime il noto principio del libero convincimento del giudice, il quale deve indicare in motivazione nel modo più dettagliato e rigoroso possibile i risultati acquisiti e i criteri adottati nella valutazione delle prove. Il giudice è libero di "convincersi" in relazione all'attendibilità degli elementi di prova ed alla credibilità delle fonti, nonché in merito alla idoneità di una massima di esperienza o di una legge scientifica a sostenere l'inferenza sulla quale si basano le ricostruzioni dell'accusa o della difesa.
Ben lontano dall'essere un potere senza limiti, il principio del libero convincimento deve passare necessariamente attraverso le norme giuridiche che disciplinano la valutazione delle prove (art. 192 c.p.p.) e la motivazione della sentenza (art. 546, co. 1, lett. *e*).
Nel sistema del 'libero convincimento' la sfera della valutazione della prova è (...) sottratta all'intervento normativo, spettando al giudice il

potere-dovere di formare autonomamente il proprio giudizio in ordine al valore dimostrativo degli elementi di prova ammessi e acquisti[20].
Lungi dal tradursi in una sorta di 'anarchia' nelle operazioni conoscitive del giudice [21] , il criterio del libero convincimento rappresenta un "metodo di valutazione delle prove in cui la discrezionalità implica razionalità, e questa implica a sua volta un apprezzamento analitico e completo di tutti gli elementi che, incidendo sul valore conoscitivo che il giudice attribuisce alla prova, sono in ultima analisi determinanti ai fini dell'accertamento giudiziale dei fatti"[22].
La decisione fondata sul libero convincimento deve basarsi unicamente su dati conoscitivi ritualmente acquisti nel corso del processo, e si coniuga dunque perfettamente con le regole di esclusione probatoria[23] non traducendosi affatto in una negazione della "legalità della prova"[24].
Il convincimento del giudice deve consistere in una valutazione razionale delle prove e in una ricostruzione del fatto conforme al canone della logica ed aderente alle risultanze processuali. Una motivazione eventualmente carente di tali requisiti permette alle parti l'impugnazione (appello e ricorso per Cassazione).
Va da sé che le prove valutabili devono essere solo quelle utilizzabili, cioè quelle legalmente ammesse ed acquisite. Il libero convincimento del giudice è, infatti, posto in una prospettiva di tutela della legalità di tutto il procedimento probatorio, del quale il momento valutativo è solamente l'ultimo.
Nel processo penale, a differenza di quello civile, non trovano spazio le prove legali, cioè quelle ad esito legalmente prestabilito. Nel processo civile si ha prova legale in tutte quelle ipotesi nelle quali la

---

[20] SAMMARCO, Metodo probatorio e modelli di ragionamento nel processo penale, Milano, 2001, p.155 e ss.

[21] KALB, il documento nel sistema probatorio, Torino, 2000, p. 251

[22] TARUFFO, Libero convincimento del giudice: I) diritto processuale civile, in "Enc. giur. Treccani", XVIII, Roma, 1990, p.6

[23] sul tema ved. CAVALLONE, Oralità e disciplina delle prove nella riforma del processo civile, in "Riv. dir. proc.",1984, p. 706

[24] AMODIO, libertà e legalità della prova nella disciplina della testimonianza, in "Riv. it. dir. proc. pen.", 1973, p. 310 ss.

legge si sostituisce al libero convincimento del giudice nella valutazione di un determinato elemento di prova. Mentre, ad esempio, nel processo civile la confessione è la regina delle prove legali, nel processo penale la confessione è sempre liberamente valutabile dal giudice, che può ritenerla non attendibile.
Il libero convincimento del giudice penale trova la sua essenza ed il suo limite, al fine di non trasformarsi in modo più o meno subdolo in puro arbitrio, nella necessità di redigere una motivazione che sia la più precisa e rigorosa possibile riguardo a tutte le prove valutate e al peso dato a ciascuna di esse, nessuna esclusa. Se il giudice emette una sentenza di condanna deve motivare perché le prove d'accusa sono risultate idonee ad eliminare ogni ragionevole dubbio sulla ricostruzione alternativa prospettata dalla difesa (art. 533, co. 1 c.p.p.). Se, invece, emette una sentenza di assoluzione, il giudice deve fornire una spiegazione razionale sull'innocenza dell'imputato o sul perché persista un dubbio sulla ricostruzione dell'accusa. Secondo la Corte Suprema di Cassazione il giudice, una volta selezionati gli elementi di prova, non può sottrarsi al dovere di accertare, alla luce di ogni altra emergenza acquisita, la loro idoneità a dare dimostrazione della responsabilità dell'imputato, dando poi conto dell'iter argomentativo seguito ai fini della formazione del convincimento raggiunto attraverso una motivazione che, se corretta logicamente e giuridicamente, si sottrae a censure in sede di legittimità[25].
La Corte Suprema si è espressa anche in merito alle dichiarazioni dell'imputato ritenendo che non possono, da sole, giustificare il dubbio del giudice, quando esso possa essere superato con considerazioni fondate su altre emergenze processuali[26]. Si evince con chiarezza dalle pronunce della Corte Suprema l'importanza attribuita alla valutazione del giudice di merito di tutto il materiale probatorio legittimamente acquisito il quale deve condurre, tramite un percorso argomentativo logico e giuridicamente corretto, ad una pronuncia che non può essere censurata nel giudizio di legittimità quando l'argomentazione sia stata corretta. Si applicano le regole di

[25] Cass. pen., 7 aprile 1992, rv. 190763; id., Cass. 28 febbraio 1992, rv. 189275

[26] Cass. pen., 19 giugno 1992, rv. 190799

valutazione stabilite dall'art. 192 cit. anche a quei fatti che integrano circostanze aggravanti, che pure accedono al fatto di reato, in qualità di fatti secondari che direttamente incidono sulla pena e che, quindi, sono rientranti nelle regole di inclusione dell'art. 187 cit[27].

8. Valutazione della prova indiziaria (rinvio)

Massime di esperienza, giudizio di verosimiglianza, il notorio

Nel valutare la prova il giudice può anche tenere conto delle "norme di comune esperienza" o "massime di esperienza".
A differenza delle mere congetture, le norme di comune esperienza possono essere sottoposte ad una valutazione empirica sulla scorta dell'"*id quod plerumque accidit*".
La massima di esperienza è una regola di comportamento che esprime quello che avviene nella maggior parte dei casi, è ricavabile da casi simili al fatto noto e permette di accertare l'esistenza di un fatto storico non con certezza, ma con una probabilità più o meno ampia. La massima di esperienza non è una "regola", non appartiene, cioè, al mondo dei fatti ma dà luogo a un giudizio di probabilità e non di certezza. Tuttavia non esiste altra possibilità di accertamento quando non sia disponibile una valida prova rappresentativa.
Il giurista deve avere ben chiari gli aspetti di opinabilità del ragionamento indiziario e che le massime di esperienza indicano solamente una probabilità, non una certezza, del verificarsi di un dato evento. Il metodo di elaborazione della regola di esperienza prevede che il giudice applichi un ragionamento di tipo induttivo quando esamina casi simili alla circostanza indiziante (il fatto noto), in modo da ricavare l'esistenza di una regola generale da un caso particolare. Successivamente il giudice svolge un ragionamento deduttivo, applicando, cioè, alla circostanza indiziante la regola generale che ha ricavato in precedenza.
È importante precisare che il giudice deve formulare le regole in base alla "miglior esperienza" e non in base a scelte personali arbitrarie o all'opinione dell'uomo medio. Il giudice deve, inoltre, scegliere in

---

[27] Cass. pen., 18 dicembre 2006, rv. 235299

modo corretto quale, tra le massime di esperienza, è applicabile al caso concreto, tenuto conto delle peculiarità di quest'ultimo. Il giudice deve applicare la regola che meglio si attaglia al caso di specie e non, automaticamente, quella che appare più probabile in astratto. Si intuisce pertanto che l'aspetto più problematico di questa operazione sta nell'individuazione delle corrette regole di esperienza ricostruite mediante criteri razionali, dal momento che il giudice, come ogni persona, può utilizzare, anche inconsciamente, pregiudizi e luoghi comuni. Mentre le norme di comune esperienza possono trovare ingresso nella concatenazione logica dei vari sillogismi in cui si sostanzia la motivazione, così non è per le mere congetture[28].
Il giudice di merito ha il dovere di seguire le norme di comune esperienza in particolare nella valutazione delle prove testimoniali[29].
Nella valutazione probatoria grande rilevanza assume il "giudizio di verosimiglianza" che può arrivare ad assumerne valore di prova quando tutte le altre ipotesi alternative, e plausibili, possono essere scartate. Quando un giudizio di verosimiglianza non abbia la forza di resistere alla confutazione di altre ipotesi alternative, rimane un semplice indizio (e non una prova), da valutare assieme a tutti gli altri elementi che risultano dagli atti.
Il giudice è tenuto a prospettarsi altre ipotesi, alternative a quelle presentate dall'accusa, quando la difesa dimostri la presenza di altri assunti idonei a neutralizzare la validità del teorema accusatorio, e che appaiano altrettanto ragionevoli e plausibili. Solo se tali ipotesi difensive sono irragionevoli, e quindi implausibili, sono censurabili in sede di legittimità[30].
Altro elemento imprescindibile nel processo valutativo della prova è il cd. notorio. Notorio è ogni dato che può essere facilmente asseribile perché corrispondente a cognizioni comuni. Come tale, non richiede la verifica del probandum e, di conseguenza, non può essere pretermesso dal giudice.

---

[28] Cass. pen., 22 ottobre 2003, rv. 227200; id., 7 luglio 2009, rv. 244439

[29] Cass. pen., 11 giugno 1992, rv. 190554

[30] Cass. pen., 24 marzo 1992, rv. 189683

9. Le leggi scientifiche[31]

Nelle materie che richiedono specifiche competenze tecniche, scientifiche o artistiche (si rinvia per gli approfondimenti al capitolo su perizia e consulenza tecnica), il giudice deve affidarsi a persone che hanno conoscenze specialistiche in quella determinata disciplina (art. 220 c.p.p.). Costoro potranno valutare quale legge della natura sia applicabile a un determinato fatto, al fine di individuarne le cause. Rispetto alle massime di esperienza le leggi scientifiche danno maggiore certezza perché è possibile conoscere esattamente in quanti e in quali casi risultano attendibili. Tuttavia rimangono margini di opinabilità perché occorre scegliere la legge scientifica da applicare al caso concreto, valutare in quale modo deve essere applicata, individuare i fatti ai quali applicarla. Anche in questi casi, infatti, si tratta di interpretare correttamente un fenomeno e di considerare gli altri casi e condizioni in cui si è verificato, in modo da valutare qual è la probabilità che un determinato fatto lo abbia causato. Va precisato che la legge scientifica permette soltanto di collegare un evento alla sua causa, ma non può accertare l'esistenza dello specifico fatto che si vuole provare. Le leggi scientifiche hanno la caratteristica di esprimere una relazione certa, o statisticamente significativa, tra due fatti della natura.

Le leggi scientifiche sono generali, sperimentabili e controllabili. Sono sperimentabili perché il fenomeno scientifico deve essere riconducibile ad esperimenti misurabili quantitativamente, essendo questi ripetibili e controllabili dagli scienziati mediante procedure che verificano la misura dei fenomeni e la validità della legge. Per questo motivo sono anche generali perché non ammettono eccezioni. Sono controllabili perché la loro formulazione è sottoposta alla critica della comunità degli esperti.

Le suddette caratteristiche non si possono, invece, rinvenire nelle massime di esperienza. Queste ultime non sono sperimentabili, perché il reato è un fatto umano che per sua natura non è ripetibile, né regolabile o misurabile quantitativamente.

Non sono generali, perché le regole del comportamento umano ammettono eccezioni, nè sono autonome dai casi dai quali sono tratte, perché da questi vengono ricavate.

---

[31] TONINI, Diritto Processuale penale, Giuffrè, 2013, pag 163 e ss.

Il giudice, per questi motivi, deve essere particolarmente cauto nella formulazione di una regola di esperienza e nella sua applicazione. Il rischio maggiore è quello di confondere per una massima di esperienza ciò che, a volte, altro non è se non un pregiudizio comune. Dal momento che la prova indiziaria è la combinazione del ragionamento induttivo con quello deduttivo, questa operazione logica è accettabile con maggior tranquillità quando la regola da applicare è di tipo scientifico. Il risultato porta ad un alto grado di probabilità se si verificano due condizioni: la legge scientifica non deve soffrire di eccezioni e deve essere correttamente applicata al caso concreto. Le leggi scientifiche possono anche essere probabilistiche, cioè presentare un grado di predizione non elevato. La scienza medica ne è un esempio (si rinvia, per approfondimento, al capitolo dedicato).
Nel processo penale si possono utilizzare leggi scientifiche probabilistiche quando siano le uniche a poter servire per accertare un fatto. Del resto, in futuro, il giudice sarà sempre più spesso costretto a ragionare in termini di prova scientifica probabilistica. Non vi è alcuna autorità scientifica che possa determinare in astratto qual è il livello sufficiente di probabilità che serve per risolvere un caso concreto.
La probabilità statistica non deve confondersi con la probabilità logica, e cioè con il giudizio circa l'idoneità di una o più leggi scientifiche a spiegare il singolo caso concreto poste all'attenzione del giudice. La probabilità logica, denominata anche "certezza processuale al di là del ragionevole dubbio", è apprezzata dal giudice sulla base degli elementi di prova raccolti nel processo[32].

10. Confessione e ritrattazione

Può accadere che durante il processo l'imputato confessi. In tal caso il giudice non deve prendere per 'oro colato'quanto il prevenuto afferma, ma deve valutare la veridicità, l'attendibilità e la genuinità della confessione, fornendo il motivo per il quale debba respingersi ogni sospetto di intento autocalunniatorio o di intervenuta costrizione sul soggetto.

---

[32] SS.UU., 11 settembre 2002, Franzese, in "Riv. it. dir. proc. pen.", 2002, 1133

In caso di confessione ritrattata il compito del giudice è certamente più arduo perché nel processo penale non esiste il concetto di prova legale. Sarà quindi il suo libero convincimento, e non una conclusione predeterminata dalla legge, a dover orientare il giudice verso la decisione giurisdizionale. Secondo la Corte Suprema, in caso di intervenuta ritrattazione, quando l'indagine del giudice, estesa al controllo su tutte le emergenze processuali, non conduca a smentire l'originaria ammissione di colpevolezza, dovrà essere innegabilmente riconosciuta alla confessione il valore probatorio idoneo alla formazione del convincimento della responsabilità dell'imputato[33].

11. Valutazione della prova testimoniale

Nella valutazione della testimonianza il giudice deve valutare criticamente il contenuto delle dichiarazioni testimoniali valutandone l'attendibilità. Il presupposto di partenza è che, fino a prova contraria, il teste riferisce correttamente quanto di sua effettiva conoscenza. Le dichiarazioni del testimone, per essere utilizzabili dal giudice, devono risultare credibili e avere ad oggetto fatti di diretta cognizione di colui che testimonia. Il giudice deve limitarsi a verificare se sussista o meno incompatibilità tra ciò che il teste riporta come certamente vero, per sua diretta conoscenza, e quello che emerge da altri eventuali fonti probatorie di pari valenza[34]. Si ravvisa incompatibilità solo quando la discrepanza incide sull'elemento essenziale della deposizione e non su elementi di contorno.

La testimonianza, vertendo su quanto è avvenuto sotto la diretta cognizione del testimone, non necessita di riscontri esterni. Il riscontro eventuale a questi è funzionale soltanto al vaglio di credibilità del testimone[35].

12. Valutazione della perizia (cenni e rinvio)

In caso di accertamento peritale, come (quasi) sempre accade nei procedimenti penali in caso di responsabilità medica, la valutazione del giudice dell'elaborato peritale non deve essere acritica o, peggio,

---

[33] Cass. pen., 18 marzo 1992, rv. 189915

[34] Cass. pen., 27 ottobre 2006, rv. 234830

[35] Cass. pen., 28 maggio 1997, rv. 208912

fideistica. La perizia (art. 220 c.p.p.) viene disposta quando sono necessarie specifiche competenze tecniche, scientifiche o artistiche le quali sono escluse dalle cognizioni del giudice e dalle nozioni di comune esperienza.
Una evenienza difficile per il giudice si verifica inevitabilmente quando le conclusioni peritali non sono condivise dai consulenti di parte. Per gli approfondimenti si rinvia al capitolo dedicato.

13. Prova indiziaria e sua valutazione

Il co. 2 dell'art. 192 c.p.p.. determina i criteri di valutazione della prova indiretta (cd. prova indiziaria). L'indizio è la tipica prova indiretta o critica, che si contrappone alla prova diretta o rappresentativa (ad es. la testimonianza) e consiste in un fatto certo dal quale, per inferenza logica, basata su regole di esperienza consolidate ed affidabili, si perviene alla dimostrazione del fatto incerto secondo lo schema del cd. sillogismo giudiziario [36]. Il meccanismo inferenziale può basarsi sia su una massima di esperienza che su una legge scientifica[37].
Perché l'esistenza di un fatto possa ritenersi provata in via indiretta gli indizi devono essere gravi, precisi e concordanti. Secondo la Corte Suprema di Cassazione, quando gli elementi probatori non sono direttamente rappresentativi del fatto da provare, essi devono essere forniti degli estremi della gravità, precisione e concordanza[38]. Sono gravi gli indizi convincenti, dotati di alta capacità dimostrativa, perché resistono alle obiezioni. La gravità attiene, pertanto, al grado di convincimento. Sono precisi gli indizi altamente verosimili, non suscettibili di diversa interpretazione e pertanto idonei a fare desumere, a partire da essi, il fatto non conosciuto. Gli indizi precisi consentono un ristretto numero di interpretazioni, tra le quali è inclusa quella pertinente al fatto da provare. Sono concordanti, infine, gli indizi non contrastanti tra loro o con altri elementi certi[39]. Secondo la

---

[36] Cass. SS.UU., 4 giugno 1992, n. 6682

[37] TONINI, Diritto processuale penale cit., pag. 162.

[38] Cass. pen., 18 giugno 1992, rv. 190797

[39] Cass. pen., 26 aprile 1995, rv. 201133

Corte Suprema di Cassazione gli indizi sono concordanti quando consentono di ricostruire la vicenda storica oggetto delle indagini, in senso univoco e comunque tale da escludere altre ragionevoli ipotesi[40]. La concordanza è la convergenza verso un identico risultato ed è qualificata dalle interazioni riscontrabili tra una pluralità di indizi gravi e precisi i quali, pur non essendo da soli sufficienti a portare una determinata conclusione, acquistano il carattere della univocità in ragione del reciproco collegamento e della simultanea convergenza in una medesima direzione, assumendo i caratteri della prova e dell'efficacia dimostrativa che a questa inserisce.
Il ragionamento indiziario non rappresenta direttamente il fatto da provare, ma dimostra come questo probabilmente è avvenuto. Si impone pertanto la massima cautela per fare in modo che tutte le alternative siano escluse perché improbabili, in modo da ritenere il fatto provato al di là del ragionevole dubbio.
Gli indizi corrispondono a dati di fatto certi che, collegati tra loro, sono suscettibili di una determinata interpretazione, caratteristica che li distingue dalle mere congetture[41].
Il principio del libero convincimento del giudice, nel processo indiziario, non viene scardinato ma si esplicita come risultato di una operazione logico-induttiva a partire da massime di esperienza. Si tratta, in questo caso, di un sillogismo normativo dove la premessa maggiore è la massima di esperienza, la premessa minore è l'indizio e la conclusione è costituta dalla prova del fatto in esame. In tal modo vien superata la naturale inadeguatezza degli indizi che, come anzidetto, devono necessariamente presentare i requisiti della gravità, della precisione e della concordanza, per poter assurgere a valore di prova.
La giurisprudenza ha individuato il metodo di valutazione della prova indiziaria. L'inosservanza delle regole legali che presiedono, ex art. 192 co. 2 c.p.p. all'utilizzabilità della prova indiziaria nel processo penale, determina l'annullamento della sentenza eventualmente impugnata.
La prova indiziaria va valutata in due momenti. Il primo consiste nella valutazione separata dei singoli elementi di prova indiziaria, che

---

[40] Cass. pen., 10 giugno 1998, rv. n. 6894

[41] Cass. pen., 17 novembre 2009, rv. 245606

devono essere presi in esame e saggiati individualmente e nella loro intrinseca valenza qualitativa e nel grado di precisione e gravità richiesto dalla legge che ciascuno di essi deve possedere. Il secondo consiste nella valutazione complessiva dell'intero compendio probatorio, che non si esaurisce nella mera sommatoria degli indizi ma esige la loro valorizzazione in una prospettiva globale e unitaria tendente a porne in luce i collegamenti e la confluenza in un medesimo contesto dimostrativo[42].

Il co. 2 dell'art. 192 enuclea il fondamentale principio della valutazione unitaria della prova. I singoli elementi probatori non devono essere considerati, per così dire, atomisticamente. Il giudice di merito, invece di valutare gli indizi a carico dell'imputato isolatamente, deve in ogni caso darne una valutazione complessiva[43]. Il metodo di lettura unitaria e complessiva dell'intero compendio probatorio non si esaurisce in una mera sommatoria degli indizi e non può perciò prescindere dalla operazione propedeutica che consiste nel valutare ogni prova indiziaria singolarmente, ciascuna nella propria valenza qualitativa e nel grado di precisione e gravità, per poi valorizzarli, ove ne ricorrano i presupposti, in una prospettiva globale e unitaria, tendente a porne in luce i collegamenti e la confluenza in un medesimo contesto dimostrativo[44]. La valutazione complessiva degli indizi, dove ognuno di essi si somma e si integra con gli altri, può conseguire la prova logica del fatto. Nell'ambito del metodo di formazione della prova, di tipo inferenziale e di natura logico-deduttiva, assume rilevanza determinante il dato della certezza dell'indizio, che costituisce espressione del requisito normativo della precisione codificato dall'art. 192 co. 2 c.p.p., nel senso che ciascun indizio deve corrispondere a un fatto certo, e cioè realmente esistente e non soltanto verosimile o supposto[45], munito di una valenza dimostrativa solo possibilistica, dalla cui lettura, coordinata sinergicamente con quella degli altri elementi indiziari ricavati da fatti

---

[42] SS.UU. 12 luglio 2005, n. 33748, rv. 231678, Mannino, Cass. pen., sez. II, 19 settembre 2013, n. 42482, rv. n. 256967

[43] Cass. pen., 3 novembre 1992, rv. 192157

[44] Cass. pen., SS.UU., 20 settembre 2005, rv. 231678

[45] Cass. pen., sez. I, 18 aprile 2013, n. 44324, rv. n. 258321

altrettanto certi nella loro esistenza storica, deve essere possibile pervenire, attraverso un ragionamento di tipo induttivo basato su regole di esperienza consolidate ed affidabili che consenta di superare l'ambiguità residua dei singoli indizi attraverso il loro apprezzamento unitario, alla dimostrazione del fatto ignoto oggetto di prova, secondo lo schema del sillogismo giudiziario[46]. L'indizio, quindi può avere valore probatorio, se il dato di fatto di cui si compone è connotato dal requisito della certezza, che implica la verifica processuale della sua sussistenza. A questo consegue un ulteriore principio, che ne è corollario: è impossibile porre il fatto ignoto, alla cui dimostrazione il giudice sia risalito dall'originario fatto noto certo seguendo lo schema di ragionamento indiziario appena descritto, come fonte di un'ulteriore prova presuntiva di natura indiretta, sulla quale fondare la pronuncia di condanna dell'imputato: la doppia presunzione (o presunzione di secondo grado) si pone, infatti, in contrasto con la regola della certezza dell'indizio, risolvendosi in un mero paralogismo giuridico che non può costituire fonte legale di prova indiziaria[47]. In tal caso, l'esistenza dell'ulteriore fatto da dimostrare non sarebbe desunta da un elemento indiziario connotato dal requisito della precisione, e dunque dalla certezza, ma da un dato soggetto a sua volta a dimostrazione per via induttiva, e dunque soltanto verosimile o supposto. Quando tale prova logica sia conseguita con la rigorosità metodologica che giustifica e sostanzia il principio del libero convincimento del giudice, non costituisce uno strumento meno qualificato rispetto alla prova diretta o storica[48].
Il sindacato di legittimità della prova indiziaria si limita alla verifica della correttezza del ragionamento probatorio che deve fornire una ricostruzione non inficiata da manifesta illogicità e non essere fondata su base meramente congetturale (...)[49].

---

[46] Casa. pen., SS.UU., 4 febbraio 1992, rv. n. 191230

[47] Cass. pen., sez I, 6 novembre 2013, n. 4434, rv. n. 259138

[48] Cass. pen., 11 settembre 2003, rv. 225782

[49] Cass. pen., 17 dicembre 2009, rv. 245880

CAPITOLO 2 - I MEZZI DI PROVA

SOMMARIO — 1. I Mezzi di Prova — 2. La Testimonianza— 3. Obblighi del testimone— 4. La falsa testimonianza – 5. Differenza tra testimone, testimone tecnico e perito – 6. L'esame delle parti – 7. Confronti

1. I Mezzi di Prova

I mezzi di prova sono disciplinati nel titolo II del libro III del codice di rito e si realizzano nell'istruzione dibattimentale o nell'incidente probatorio.
I mezzi di prova elencati dal codice sono: la testimonianza, l'esame delle parti, confronti, le ricognizioni, esperimenti giudiziali, le perizie e i documenti. I mezzi di prova sono caratterizzati dalla loro attitudine a offrire al giudice risultati direttamente utilizzabili ai fini della sua decisione. Il codice descrive le modalità della loro assunzione in giudizio.

2. La Testimonianza

Ogni persona ha la capacità di testimoniare (art. 196 c.p.p.). Il codice sancisce, infatti, il principio dell'universalità dell'obbligo di testimoniare al quale corrisponde un ampio potere del giudice in ordine alla valutazione dell'attendibilità del dichiarante.
La capacità di testimoniare non coincide col concetto di capacità di intendere e volere. Indica, invece, un concetto più ampio, in quanto richiede la capacità di determinarsi liberamente e in tutta coscienza, e l'attitudine al discernimento critico del contenuto delle domande.
Il teste deve essere in grado di adeguare risposte coerenti alle domande poste dalle parti e di valutare la natura suggestiva di talune di esse, deve possedere sufficienti capacità di memoria in ordine ai fatti oggetto della deposizione e - soprattutto - la piena coscienza di riferire con verità e completezza le circostanze a sua conoscenza[50]. La testimonianza può essere definita come una dichiarazione di scienza che concerne un determinato fatto che costituisce oggetto di prova,

[50] Cass. pen., 3 giugno 2010, rv. 247407

percepito dal dichiarante direttamente, oppure in modo indiretto attraverso la narrazione di altri. In questo secondo caso si parla di testimonianza indiretta, disciplinata a parte.
La testimonianza è atto di un soggetto che non è parte, con la sola eccezione della parte civile che, quando sia a conoscenza dei fatti per i quali si procede, può essere sentita come testimone.
L'art. 6 della legge 63/2001 ha indicato la possibilità che siano qualificati come testimoni anche le persone indicate all'art. 197 bis c.p.p. Il codice di procedura penale disciplina la testimonianza agli articoli 194-207. Il testimone è esaminato sui fatti che costituiscono oggetto di prova, non può deporre sulla moralità dell'imputato, sulle voci correnti nel pubblico o esprimere apprezzamenti personali salvo che sia impossibile scinderli dalla deposizione sui fatti.
L'oggetto della testimonianza (art. 194 co. 1 c.p.p.) è una esperienza del testimone, e non un fatto (come vorrebbe il dettato normativo), in quanto ricade sotto i sensi del testimone e, come tale, è suscettibile di deformazione nel momento stesso in cui viene percepito, così come nel momento in cui avviene la deposizione. Le rappresentazioni psichiche, infatti, variano nel tempo.
Nonostante questi assunti dottrinali, la giurisprudenza è orientata a presumerne l'attendibilità del testimone. Il giudice deve partire dal presupposto che il teste sia veridico, a meno che non sussistano specifici riconoscibili elementi che rendono fondato il dubbio[51].
Anche la persona offesa ha la capacità di testimoniare nonostante la sua deposizione, in astratto, non sia immune da sospetto perché portatrice di interessi in posizione antagonista rispetto quelli dell'imputato. La testimonianza della persona offesa può essere ritenuta attendibile, e quindi utilizzabile, dal giudice, il quale può fare ricorso all'utilizzazione e all'analisi di qualsiasi elemento di riscontro o di controllo ricavabile dal processo; il convincimento del giudice, se sostenuto da congrua e logica motivazione, non può soffrire censure di legittimità[52]. La giurisprudenza ha presentato orientamenti oscillanti in merito alla necessità di riscontri esterni rispetto a quanto rappresentato dalla persona offesa in sede testimoniale, a causa del naturale conflitto di interessi tra questa e l'imputato. Le Sezioni Unite

---

[51] Cass. pen., 27 ottobre 2006, rv. 234830

[52] Cass. pen., 4 luglio 2008, rv. 240524

della Corte di Cassazione hanno riaffermato il principio secondo il quale le regole dell'art. 192 co. 3 c.p.p. non trovano applicazione relativamente alle dichiarazioni della parte offesa. Queste dichiarazioni possono essere legittimamente poste da sole alla base dell'affermazione di responsabilità penale dell'imputato, previa verifica, corredata da idonea motivazione, della loro credibilità soggettiva e dell'attendibilità intrinseca del racconto. Il vaglio positivo dell'attendibilità del dichiarante deve essere più penetrante e rigoroso rispetto a quello generico cui vengono sottoposte le dichiarazioni di qualsiasi testimone, di talchè tale deposizione può essere assunta da sola come fonte di prova unicamente se venga sottoposta a detto riscontro di credibilità oggettiva e soggettiva. Può essere opportuno procedere al riscontro di tali dichiarazioni con altri elementi qualora la persona offesa sia anche costituita parte civile e sia, perciò, portatrice di una specifica pretesa economica la cui soddisfazione discenda dal riconoscimento della responsabilità dell'imputato[53].
Nell'ipotesi in cui la dichiarazione della persona offesa è contrastata da più elementi probatori, essa deve essere valutata con estremo rigore e il contenuto della stessa, a fronte degli elementi di contrasto, deve essere sottoposto a verifica dettagliata e non accettato con generica giustificazione argomentativa[54].
Nel processo penale rileva, d'altronde, l'interesse pubblicistico di accertare la responsabilità dell'imputato, motivo per il quale viene utilizzato anche il contributo accusatorio della persona offesa. La decisione del giudice è basata sul libero convincimento come già ampiamente argomentato.
La giurisprudenza ha elaborato il principio di scindibilità della deposizione per indicare la facoltà del giudice di ritenere veritiera anche solo una parte della deposizione. Il giudice può pertanto disattendere altre parti di essa purché indichi in motivazione gli elementi che lo hanno indotto a tale valutazione differenziata[55].
Il comma 3 dell'art. 194 c.p.p. pone al testimone il divieto di riferire sulle voci correnti nel pubblico.

---

[53] Cass. pen., SS.UU., 19 luglio 2012, rv. 41461

[54] Cass. pen., 14 giugno 2000, rv. 216180

[55] Cass. pen., 6 luglio 1998, rv. 211376

La ratio di tale divieto consiste nel preservare l'affidabilità delle fonti di prova evitando che semplici pettegolezzi o dicerie siano poste alla base del convincimento del giudice, e per garantire maggiormente il diritto di difesa che sarebbe menomato dall'impossibilità di sottoporre a verifica la fonte della conoscenza.
Il divieto di apprezzamenti personali (art.194 co. 3 c.p.p.), che vale come regola generale, non sussiste nel caso in cui il testimone sia persona particolarmente qualificata in considerazione della sua preparazione professionale. Quando i fatti in ordine ai quali viene esaminato sono inerenti alla sua attività, l'apprezzamento del teste, filtrato dalle conoscenze tecniche e personali, diventa infatti inscindibile dal fatto che è stato percepito. Tuttavia, sono ammissibili ed utilizzabili le dichiarazioni del testimone "tecnico", ovvero esperto in un determinato settore, che riferisca dati di fatto, sia pur nella sua percezione "qualificata" consentita dalle sue particolari conoscenze, ma non quando contenenti valutazioni dei predetti dati di fatto secondo il soggettivo apprezzamento del testimone, che potrebbero entrare a far parte del materiale probatorio soltanto attraverso una consulenza tecnica o una perizia[56].
Esistono situazioni di incompatibilità con l'ufficio di testimone, regolate dall'art. 197 c.p.p. In particolare il responsabile civile e il civilmente obbligato per la pena pecuniaria non possono essere testimoni, ma possono essere sentiti solamente come parti. Non esiste invece incompatibilità per la parte civile, benché portatrice di un evidente interesse personale all'interno del processo. L'art. 208 c.p.p. stabilisce che la parte civile possa chiedere o acconsentire di essere esaminata come parte se non deve essere sentita come testimone[57].
Anche la Consulta è intervenuta sull'argomento, ritenendo manifestamente infondato la questione di legittimità costituzionale dell'articolo 197 lett. *c*) in riferimento agli artt. 3 e 24 Cost. La Corte Costituzionale ha ritenuto che il legislatore, con scelta razionale, avendo ritenuto un sacrificio troppo grande la rinuncia al contributo probatorio della parte civile nella ricerca della verità, ha ribadito la preminenza dell'interesse all'accertamento dei reati su quello delle

---

[56] Cass. pen., 7 novembre 2007, rv. 238758
[57] Cass. pen., 13 gennaio 2005, rv. 230899

parti alla risoluzione delle liti civili, sia perché alla luce di un ormai fermo orientamento giurisprudenziale, la deposizione della persona offesa dal reato costituitasi parte civile deve essere valutata con prudente apprezzamento e spirito critico[58].

3. Obblighi del testimone

I testimoni hanno precisi obblighi (art. 198 c.p.p.): devono presentarsi al giudice e attenersi alle sue prescrizioni, devono rispondere alle domande secondo verità. La mancata comparizione, senza aver addotto un legittimo impedimento, può comportare l'accompagnamento coattivo ex art. 133 c.p.p. nonché la condanna al pagamento di una somma a titolo di ammenda e alle spese di causa.
In merito all'obbligo di rispondere secondo verità, l'art. 497 del codice di rito riporta la formula di impegno che il Presidente invita a rendere al testimone. Lo stesso invito viene ripetuto dal Presidente in caso sospetti la falsità o reticenza del teste, evenienza che si verifica nel caso di un teste che pare dire il falso o tacere ciò che sa. Il Presidente, inoltre, avvisa prima dell'audizione, il testimone sulle responsabilità penali che derivano dalla falsa testimonianza. Nel caso il giudice sospetti la falsità o la reticenza del testimone, l'esame prosegue senza nomina di un difensore. Nemmeno cambia la qualità soggettiva del dichiarante che rimane teste e non indagato in un diverso procedimento. Tale lettura della norma è suggerita anche dall'art. 207 co. 2 c.p.p. che prevede la possibilità di trasmettere al pubblico ministero il verbale da cui risultano le dichiarazioni rese dal teste dopo il nuovo avvertimento sollecitato dal sospetto di una testimonianza non rispondente al vero. Tali dichiarazioni pur assunte senza il difensore potranno essere utilizzate legittimamente nel procedimento relativo al reato di falsa testimonianza a suo carico[59].
In ossequio al principio del "*nemo tenetur se detegere*" , il testimone non può essere obbligato a deporre su fatti dai quali potrebbe emergere una sua responsabilità penale (art. 198 co. 2 c.p.p.). Tale principio, qui certamente consacrato, trova altri riflessi negli artt. 63, 64 co.3 e 3 *bis* , 197 *bis* co. 4 e 5. c.p.p.

---

[58] Corte Cost., n. 155/1992; id., n. 82/2004

[59] Cass. pen., 15 marzo 1993, rv. 193812

La norma parrebbe imporre all'autorità procedente di informare tempestivamente l'esaminato dell'operatività del diritto di non rispondere. Il testimone, tuttavia, non può semplicemente rifiutare di rispondere asserendo che le risposte potrebbero portare ad una autoincrimianzione, bensì deve fornire al giudice quel *minimum* di elementi necessario a fargli intendere che l'opposizione al diritto non è arbitraria e pretestuosa. C'è accordo nel ritenere che non sia richiesta una valutazione in termini di certezza circa la prospettiva di incriminazione del testimone, essendo sufficiente un giudizio prognostico formulato sulla base dell'*id quod plerumque accidit*. La giurisprudenza ritiene che l'operatività dell'art. 198 co.2, sia subordinata alla oggettiva potenzialità incriminatrice dei fatti su cui verte la deposizione, e non al mero convincimento dell'interessato[60].
Il codice prevede facoltà di astensione dei prossimi congiunti a tutela dei vincoli e del sentimento familiare (art.199 c.p.p.). Del resto, la genuinità della prova è principio fondante il processo penale e, come tale, laddove sia messa in pericolo, va ripristinata anche se con un "compromesso" e un bilanciamento dei valori in gioco. Il legislatore ha preferito esonerare dalla deposizione persone che potrebbero rendere testimonianze "inaffidibili" perché viziate dallo scopo di proteggere un prossimo congiunto.
Sono previste deroghe. La facoltà di astensione viene meno per quei prossimi congiunti dell'imputato che abbiano presentato denuncia, querela o istanza, per l'evidente ragione che l'aver posto in essere le anzidette iniziative sia già prova del superamento a monte dei sentimenti di solidarietà familiare che la facoltà di astensione mira a tutelare e di aver risolto quei turbamenti psichici e quel conflitto di coscienza che la previsione normativa intende evitare. La deroga alla facoltà di astensione non opera nemmeno nei confronti del prossimo congiunto obbligato per legge a presentare denuncia, né vale nell'ipotesi in cui il prossimo congiunto rivesta la qualità di persona offesa dal reato.
La previsione e l'operatività dell'art. 199 c.p.p. rende inoperante la scriminante descritta nell'art. 384 c.p. per colui che -prossimo congiunto- in qualità di testimone abbia deposto il falso. Il prossimo

---

[60] Cass. pen., 11 giugno 1994, rv. 198532

congiunto può, in sintesi, invocare l'art. 199 c.p.p. e avvalersene, ma, se non lo fa, pur essendo stato avvertito della facoltà di astenersi, e testimonia il falso, non può poi ritenersi scriminato dall'art 384 c.p[61]. Sul punto, certamente delicato, è intervenuta anche la Corte Costituzionale[62], modificando un suo precedente orientamento. La Consulta, con sentenza n. 440 del 2000, ha ritenuto che non sia consentita la lettura-acquisizione delle dichiarazioni rese nelle indagini preliminari da prossimi congiunti che in dibattimento si sono poi avvalsi della facoltà di astensione dal deporre. Si concorda, pertanto, sul presupposto della inapplicabilità (ulteriore) dell'art. 512 c.p.p. che prevederebbe la lettura degli atti per sopravvenuta impossibilità di ripetizione. L'esercizio del diritto di non deporre dei prossimi congiunti non avrebbe, infatti, ragione di essere se poi si potesse aggirare la norma ritenendo sopravvenuta una impossibilità di ripetizione dell'atto che invece è libera e legittima scelta del prossimo congiunto.

Specularmente, nemmeno l'art. 500 c.p.p. risulta applicabile. Il presupposto, qui, è tuttavia diverso: l'art. 500 citato (contestazioni dell'esame testimoniale) prevede che le dichiarazioni rese dal teste in sede di indagini preliminari possono formare oggetto di contestazione solamente una volta che il teste abbia già deposto in sede dibattimentale. Tale presupposto, indefettibile, non può ricorrere quando il testimone dichiari di avvalersi della facoltà di non rispondere[63]. Ovviamente l'esercizio della facoltà di non rispondere da parte dello stretto congiunto impedisce il recupero della stessa dichiarazione mediante la testimonianza resa *de relato* dal verbalizzante che l'abbia in precedenza raccolta [64] . La norma esaminata ha portata generale e va dunque applicata anche quando siano assunte sommarie informazioni dalla polizia giudiziaria o dal pubblico ministero (artt. 351 e 362 c.p.p)[65].

---

[61] Cass. pen., Sezioni Unite, 14 febbraio 2008, rv. 238383

[62] Corte cost., sentenza n. 179 del 1995

[63] Cass. pen., 2 marzo 2004, rv. 228385

[64] Cass. pen., 19 maggio 1999, rv. 213464

[65] Cass. pen., 21 aprile 1994, rv. 198477

La violazione dell'obbligo di avvertire il prossimo congiunto dell'imputato o indagato della facoltà concessa dall'art. 199 cit., comporta nullità relativa che va eccepita, ai sensi dell'art. 182 c.p.p., dalla parte che assiste all'atto prima del compimento dello stesso[66]. Il testimone non avvertito della facoltà di astensione beneficia della causa di non punibilità ex art. 384 co. 2 c.p.[67].
In tema di giudizio abbreviato, qualora il prossimo congiunto, alla cui assunzione sia stata condizionata la richiesta di accesso al rito, si avvalga della facoltà di non rendere testimonianza ai sensi dell'art. 199 cit., ben possono essere utilizzate le dichiarazioni da lui rese nel corso delle indagini preliminari, ancorché viziato da nullità relativa per l'omissione dell'avviso della facoltà di astensione, atteso che con la scelta del rito l'imputato ha acconsentito all'utilizzazione di tutti gli elementi di prova acquisiti dal pubblico ministero ed inseriti nel fascicolo di cui all'art. 416 co. 2 c.p.p.[68]

4. La falsa testimonianza

Il codice di rito analizza all'art. 207 la testimonianza sospettate di essere falsa o reticente. Se il testimone rende dichiarazioni contraddittorie, incomplete o contrastanti con le prove già acquisite il presidente o il giudice glielo fa rilevare rinnovando, se nel caso, l'avvertimento dell'art. 497 co. 2 c.p.p. già analizzato.
Sono contraddittorie le dichiarazioni incompatibili sul piano logico, cioè quelle che si negano l'una con l'altra, la cui incongruenza emerge dallo stesso contenuto della deposizione, senza necessità di alcun riscontro esterno alla narrazione della persona esaminata. Sono incompatibili le dichiarazioni mancanti di qualche elemento, la cui lacunosità può emergere sia da un esame interno della deposizione sia dal confronto con altri elementi di prova. Sono contrastanti le affermazioni del teste discordanti con le altre risultanze già acquisite. Il codice previgente prevedeva l'arresto del "falso" testimone in udienza: il presidente (o il pretore) che avesse ritenuto integrati gli estremi della falsa testimonianza poteva ordinare l'immediato arresto del testimone, procedendo nel contempo a celebrare il processo per

66 Cass. pen., 15 marzo 2005, rv. 231479; id., 12 aprile 2010, rv. 246715
67 Cass. pen., 29 novembre 1990, rv., 185901
68 Cass. pen., 8 gennaio 2002, rv. 4501; id., 7 maggio 2009, rv. 243574

falsa testimonianza nelle forme del giudizio immediato (che non corrispondeva affatto all'attuale omonimo procedimento speciale). Veniva, pertanto, sospeso il dibattimento "principale" e si dava luogo al giudizio "incidentale" sulla testimonianza sospettata di essere non veritiera, con l'imputato in stato di arresto. L'attuale codice ha radicalmente cambiato orientamento: il persistente ingiustificato rifiuto di rispondere provoca solo l'immediata trasmissione degli atti al pubblico ministero (e, pertanto, l'immediata apertura di un nuovo procedimento a carico del teste reticente), mentre il sospetto in ordine a una sospetta falsa testimonianza potrà essere, da pare del giudice, oggetto di apposita comunicazione al pubblico ministero solo in sede di conclusione del grado di giudizio. La disposizione codicistica non istituisce, quindi, un rapporto di pregiudizialità necessaria tra giudizio in ordine alla falsa testimonianza di un testimone e il procedimento nel quale la deposizione è stata resa. Il materiale probatorio desunto dalla deposizione concorre, infatti, alla formazione della prova nel giudizio ed è utilizzabile dal giudice. La Corte Costituzionale ha ritenuto che il giudice non è tenuto a decidere sulla base di prove che potrebbero essere in seguito ritenute false, ma (deve) provvedere in base alle regole di utilizzazione probatoria e valutazione che il codice ha stabilito[69]. Il co. 2 dell'art. 207 cp.p. enuncia che, nella decisione che definisce la fase processuale in cui il testimone ha prestato il suo ufficio, il giudice, se ravvisa indizi del reato previsto dall'articolo 372 del codice penale, ne informa il pubblico ministero trasmettendogli i relativi atti.
L'art 372 c.p. afferma che "*chiunque deponendo come testimone innanzi alla autorità giudiziaria, afferma il se il falso o nega il vero, ovvero tace in tutto in parte, ciò che sta intorno ai fatti sui quali interrogato, è punito con la reclusione da due a sei anni*". Si è aperto un dibattito dottrinale in merito alla trasmissione dei verbali al pubblico ministero in corso di causa. La dottrina maggioritaria ritiene consentito al giudice, a dispetto di quanto stabilito dall'art. 207 co.2 c.p.p., di informare "senza ritardo" il pubblico ministero della notizia di reato relativa a testimonianze false o reticenti particolarmente "evidenti". Infatti il giudice, nella sua qualità di pubblico ufficiale, sarebbe vincolato all'obbligo di denuncia previsto dall'art. 331 c.p.p.

---

[69] Corte Cost., 2 giugno 1994, n. 208

Opinione contraria si è affermata in giurisprudenza. Secondo la Corte Suprema di Cassazione è contrario al principio del giusto processo consentire al giudice di anticipare il convincimento ad un momento anteriore alla completa acquisizione probatoria ed alla fase deliberativa, essendo nettamente distinte il momento di acquisizione della prova e quello di valutazione della stessa[70].
Pertanto, si è affermato in giurisprudenza che l'immediata trasmissione da parte del giudice al pubblico ministero dei verbali di deposizioni testimoniali sospettate di falsità o reticenza, senza attendere la decisione della fase processuale nella quale testimone deposto, costituisce causa di ricusazione ex art. 37, co.1, lett. *b*), incidendo negativamente sulla serenità e imparzialità dell'organo giurisdizionale, avendo il giudice manifestato indebitamente il proprio convincimento sui fatti oggetto dell'imputazione. Il codice del 1988 prevede, in sintesi, una separazione netta tra il momento della valutazione della testimonianza, ai fini della decisione del processo in cui è stata resa, dalla persecuzione penale del testimone che abbia deposto il falso. Il giudice del (primo) processo ha il solo compito di dare al pubblico ministero la notizia del reato una volta che ne abbia ravvisato gli indizi in sede di valutazione complessiva di tutto il materiale raccolto. Nulla esclude, in ogni caso, che la notizia di reato possa essere immediatamente appresa dal pubblico ministero di udienza, il quale chiederà al giudice la trasmissione al proprio ufficio del verbale di udienza e di ogni altro atto processuale ritenuto utile. Rimane il principio espressamente posto dall'art. 476 co. 2, per il quale "*non è consentito l'arresto del testimone in udienza per reati concernenti il contenuto della deposizione*", al fine di escludere qualsiasi possibile coartazione psicologica del teste.

5. Differenza tra testimone, testimone tecnico e perito

Rimandando per gli approfondimenti al capitolo dedicato, occorre distinguere gli istituti della testimonianza e della perizia. Va osservato che il soggetto chiamato a svolgere le funzioni peritale non ha avuto, a differenza del testimone, un precedente esperienza sensoriale dei fatti di causa[71]. Mentre il testimone ha una conoscenza del fatto che

---

[70] Cass. pen., 5 settembre 1992, rv. n. 13537

[71] RIVELLO, La Prova scientifica, Giuffrè, 2014, p. 256

risale a un momento temporale antecedente al processo, in quanto si è posto "in relazione col fatto senza incarico del giudice", al contrario il perito viene a conoscenza della vicenda in esame successivamente alla sua verificazione ed unicamente "per incarico del giudice"[72].
Infatti, se costui avesse assistito personalmente alla vicenda mentre si svolgeva, sarebbe stato sentito come testimone essendo incompatibile a svolgere la funzione di perito. Mentre il contributo del testimone ha un carattere infungibile, tale affermazione non può essere ripetuta con riferimento al perito e al consulente tecnico[73].
Il "testimone tecnico", a differenza del perito, è un testimone che rende dichiarazioni che risentono del suo bagaglio tecnico scientifico e nelle quali il contenuto della descrizione risulta filtrato alla luce di tale peculiare qualificazione, che conduce a implicite valutazioni, inscindibili da tale contesto dichiarativo. Può parlarsi di testimonianza tecnica solo allorquando la narrazione dei fatti processualmente rilevanti presuppone necessariamente il ricorso a una "esperienza specifica del dichiarante"[74] che non solo incide sulla dichiarazione resa dal teste, ma influisce, antecedentemente, "sulla scansione dei passaggi psichici della conoscenza: sensazione, percezione, memorizzazione, e rieducazione"[75].
Questo è uno dei motivi per cui al testimone tecnico viene eccezionalmente consentito dal legislatore di fornire, nell'ambito della propria deposizione, degli apprezzamenti personali alla luce di una impostazione che ricalca il criterio delineato dalla *law of evidence* nordamericana ove, ai sensi della *Rule* 701 delle *Federal Rules of Evidence,* il soggetto che possiede una determinata competenza per effetto della professione esercitata, o comunque dell' esperienza acquisita dopo un certo periodo di attività in un determinato settore, può esprimere, al pari dell'*expert witness*, e cioè del testimone esperto, delle *opinions* in sede di deposizione testimoniale, a

---

[72] CARNELUTTI, La prova civile, 1915, Roma, p. 114

[73] RIVELLO, La prova scientifica cit., p. 257

[74] DENTI, Testimonianza tecnica, in "Riv. dir. proc.", 1962, p. 9

[75] MIUCCI, La testimonianza tecnica nel processo penale, Giuffrè 2011, p. 73

differenza di quanto generalmente previsto in relazione al testimone comune (*lay witness*).
La testimonianza tecnica viene considerata una prova "ibrida", in quanto connotata da una combinazione delle caratteristiche della componente tipica della testimonianza comune con quelle proprie della perizia o della consulenza tecnica[76]. Decisivo elemento di discriminazione tra la perizia e la testimonianza tecnica invece è dato dal fatto che il testimone, ivi compreso il "testimone tecnico", ha assistito casualmente ai fatti di causa, che è tenuto a narrare in maniera veritiera, laddove l'intervento del perito è ad essi successivo. Pertanto, mentre il testimone tecnico ha avuto una "percezione diretta" del fatto dal lui descritto in ambito giudiziale, tale connotazione è invece assente in relazione al perito[77], che presta la propria opera solo per effetto di una nomina giudiziale in adempimento di un preciso incarico. L'atto del percepire è casuale per il testimone e, perciò stesso completamente diverso da quello indotto (e strumentale alla risposta al quesito) del perito[78].

6. L'esame delle parti

L'art. 208 del codice di rito disciplina l'esame delle parti: nel dibattimento, l'imputato, la parte civile che non debba essere essere esaminata come testimone, il responsabile civile e la persona civilmente obbligata per la pena pecuniaria sono esaminati se ne fanno richiesta o vi consentono.
L'esame delle parti private costituisce un mezzo di prova di natura solo eventuale essendo la sua esperibilità subordinata alla volontà delle parti stesse. Sono due le caratteristiche fondamentali che lo distinguono: le parti ne devono fare richiesta o comunque devono consentirvi, inoltre sulle stesse non grava l'obbligo di dire la verità.
Per l'imputato la facoltà di non sottoporsi all'esame rientra nel più generale principio riassunto nella formula del *nemo tenetur se detegere*, pertanto l'esercizio di tale (legittima) facoltà non potrà

---

[76] MIUCCI, La testimonianza tecnica nel processo penale, cit., p. 138
[77] MIUCCI, La testimonianza tecnica del processo penale, cit., p. 113
[78] MIUCCI, La testimonianza tecnica del processo penale, cit., p.109 ss.

essere valutata come comportamento processuale negativo. Ad esempio, non si potrà valutare il silenzio dell'imputato, che non voglia essere sottoposto all'esame, ai sensi dell'art. 133 c.p. per negargli le circostanze attenuanti generiche[79]. In nessun caso il giudice potrà supportare l'insufficienza del quadro probatorio, attribuendo valore probatorio al silenzio dell'imputato rimasto contumace. [80] L'esame delle parti è uno strumento di difesa. L'imputato non ha tuttavia solo questo mezzo per essere ascoltato, in quanto può rilasciare, sebbene non in contraddittorio con l'accusa, spontanee dichiarazioni.

Il mancato esame dell'imputato, anche se in precedenza ammesso dal giudice del dibattimento, non comporta alcuna limitazione alla facoltà di intervento, di assistenza e di rappresentanza dell'imputato. Non può, pertanto, essere rilevato alcuna violazione del diritto di difesa perché in ogni momento l'imputato ha facoltà di rendere spontanee dichiarazioni[81]. La mancata assunzione dell'esame dell'imputato, che ne ha fatto richiesta, determina una nullità assoluta ma non insanabile e, pertanto, non è più deducibile nel giudizio di impugnazione se la parte interessata non la eccepisce subito dopo la sua azione dei testi di accusa, nel momento in cui l'esame deve essere eseguito[82].

Anche l'esame delle parti prevede regole procedurali, descritte all'art. 209 del codice di rito. Il comma 2 prevede la verbalizzazione del rifiuto di rispondere a una domanda, pertanto può ritenersi implicitamente riconosciuta, per le parti, la facoltà di non rispondere. Si è discusso sul fatto che, una volta che la parte abbia manifestato la propria volontà favorevole all'esame, essa perde la possibilità di esercitare senza pregiudizio la strategia del silenzio (sarebbe del resto bastato non aderire alla richiesta di esame). La necessità che il rifiuto di rispondere venga verbalizzato non può avere altro significato che quello di attribuire valore probatorio alla mancata risposta, autorizzando il giudice a trarne argomenti sfavorevoli.

---

[79] Cass. pen., 10 gennaio 1996, rv. 203941

[80] Cass. pen., 22 febbraio 1999, rv. 212618

[81] Cass. pen., 30 dicembre 2005, rv. 233179

[82] Cass. pen., 20 ottobre 2004, rv. 230324

7. Confronti

Quando vi sia disaccordo tra persone già esaminate o interrogate, il codice prevede che tra queste sia ammesso il confronto (art. 211 c.p.p.).

Il confronto è un mezzo di prova i cui presupposti sono dati da tre elementi: il primo è dato dall'esistenza di precedenti interrogatori o esami, il secondo dalla constatazione di un disaccordo non marginale che deve emergere dagli atti probatori, il terzo che l'oggetto del contrasto riguardi fatti e circostanze importanti. La giurisprudenza prevede un ulteriore presupposto essenziale: che i due soggetti siano stati esaminati nella medesima fase processuale. Nel caso il confronto si svolga contemporaneamente tra più di due persone esaminate o interrogate, si parla di confronto plurimo.

CAPITOLO 3 – ATTIVITÀ DI INDAGINE DEL PUBBLICO MINISTERO. INCIDENTE PROBATORIO

SOMMARIO — 1. Attività di indagine del pubblico ministero — 2. Accertamenti tecnici irripetibili — 3. Accertamenti tecnici irripetibili del pubblico ministero — 4. Accertamenti tecnici della polizia giudiziaria – 5. Sequestro probatorio disposto dalla polizia giudiziaria – 6. Incidente probatorio

1. Attività di indagine del pubblico ministero

Il pubblico ministero è il dominus dell'indagini preliminari. Dal momento in cui riceve la notizia di reato, direttamente o per mezzo della polizia giudiziaria che ha l'obbligo di informarlo senza ritardo, il pubblico ministero assume la direzione e il controllo delle indagini preliminari. Gli atti compiuti dal pubblico ministero non hanno carattere giurisdizionale, poiché si formano al di fuori della dialettica dibattimentale. Il pubblico ministero può svolgere l'attività investigativa personalmente o avvalersi della polizia giudiziaria alla quale può specificamente delegare gli atti da compiere (art. 370 c.p.p.).

Il linea con il modello processuale accusatorio, le indagini del pubblico ministero, più che alla formazione della prova (che si forma, di norma, in dibattimento) sono dirette a valutare l'opportunità di esercitare o meno l'azione penale.

Il pubblico ministero può avvalersi di consulenti tecnici (art. 359 c.p.p.). Il presente capitolo affronta il tema degli accertamenti tecnici, dove la figura del consulente tecnico è di primaria importanza, e l'incidente probatorio.

2. Accertamenti tecnici irripetibili[83]

Gli accertamenti tecnici irripetibili (art. 360 c.p.p.) sono strumenti probatori che assicurano una modalità atipica di assunzione della prova.

---

[83] GIUNCHEDI, Gli accertamenti tecnici irripetibili (tra prassi devianti e recupero della legalità), Utet giuridica, 2009

Si collocano nella fase delle indagini preliminari, in assenza del giudice, sono di esclusiva prerogativa del pubblico ministero nella sua veste di dominus delle indagini medesime, nel contesto della ricerca e della assicurazione delle fonti di prova. In caso di dissenso da parte della difesa, è prevista la sola garanzia giurisdizionale rappresentata dalla riserva di promozione di incidente probatorio, la cui istanza deve essere presentata prima del conferimento dell'incarico da parte del pubblico ministero al consulente.
Gli accertamenti tecnici irripetibili servono ad assicurare al giudizio dati che altrimenti andrebbero dispersi, tramite il loro ingresso diretto nel fascicolo del dibattimento. Questi accertamenti possono essere svolti, in realtà, sia dal pubblico ministero che dal difensore, dando così attuazione concreta al principio del "difendersi provando" in virtù della nuova ed articolata disciplina delle investigazioni difensive. Al difensore è quindi permesso svolgere indagini per ricercare e individuare elementi di prova a favore del proprio assistito, avvalendosi di consulenti tecnici quando sono necessarie specifiche competenze (art. 327 *bis* c.p.p.).
Gli accertamenti tecnici non ripetibili (per es. esami necroscopici) hanno ad oggetto persone, cose o luoghi il cui stato è soggetto a modificazioni. Ne deriva che tali accertamenti non possono essere utilmente ripetuti, oppure, se ripetuti, non sarebbero attendibili perché porterebbero a un esito diverso.
Come regola generale, nel contesto di un modello accusatorio che prevede che la formazione della prova avvenga nel dibattimento, gli atti delle indagini preliminari compiuti dal pubblico ministero, o dalla polizia giudiziaria, non sono direttamente utilizzabili a fini di prova. Questa regola, tuttavia, subisce alcuni temperamenti perché alcune categorie di atti compiuti durante le indagini preliminari possono essere valutati come prova in giudizio, dal momento che sono inseriti nel fascicolo del dibattimento ab initio. Gli accertamenti tecnici irripetibili appartengono, appunto, a questa categoria. Un esempio di accertamento tecnico irripetibile è l'autopsia di una persona deceduta in circostanze tali da far emergere il sospetto di un reato (art. 116 disp. att. c.p.p.).
Siccome gli accertamenti tecnici irripetibili sono atti destinati ad esplicare efficacia di prova, il legislatore ha predisposto una forma di garanzia difensiva rappresentata dalla partecipazione all'accertamento

dei difensori delle parti, ed eventualmente dei loro consulenti tecnici, con una disciplina meno complessa rispetto a quella prevista per l'incidente probatorio.
L'indagato, come detto, conserva la possibilità di opporsi all'accertamento tecnico irripetibile, formulando la riserva di promuovere incidente probatorio.
A fronte di tale riserva il pubblico ministero ha due possibilità:
1) aderire alla riserva dell'indagato e dar luogo all'incidente probatorio,
2) procedere ugualmente all'accertamento tecnico non ripetibile, ritenendo che i tempi necessari per promuovere l'incidente probatorio siano eccessivi rispetto alla esigenza investigativa di procedere con urgenza per assicurare la prova. In questa seconda ipotesi l'accertamento tecnico oltre a non essere ripetibile va qualificato anche come indifferibile, nel senso che, qualora non venisse immediatamente espletato, non potrebbe più essere utilmente compiuto. Il pubblico ministero nel momento in cui opta per procedere ugualmente, contro la riserva dell'indagato, qualora risulti che l'accertamento tecnico avrebbe potuto essere differito sino al momento dell'incidente probatorio, corre il grave rischio dato dal fatto che i relativi risultati ottenuti diventano inutilizzabili agli effetti del giudizio, con l'ulteriore conseguenza che, se effettivamente si trattava di atti non ripetibili (ma rinviabili), la prova sarà perduta in modo irrimediabile.
La peculiarità dell'accertamento tecnico sta nel fatto che esso non implica una mera attività di raccolta di dati, bensì che su questi sia operata una valutazione tecnico-scientifica da parte di chi abbia una comprovata e titolata conoscenza di una materia. Per tale motivo è indispensabile l'intervento di un consulente.
La polizia giudiziaria non può in alcun modo operare accertamenti tecnici, potendosi avvalere solo di "persone idonee", cioè soggetti che, per definizione, non possono operare valutazioni. Il pubblico ministero non può delegare gli accertamenti tecnici irripetibili alla polizia giudiziaria dovendo operare personalmente con il supporto del consulente tecnico.
Il difensore dell'indagato, come detto, nell'ambito delle investigazioni difensive (art. 327 *bis* c.p.p.) può avvalersi di consulenti tecnici

quando sono necessarie specifiche competenze in attuazione del principio costituzionale del cd. giusto processo.

La peculiarità degli accertamenti tecnici è che tali atti derogano al principio di formazione della prova in dibattimento qualora siano rispettate le garanzie difensive come previsto dal legislatore. L'elemento fondamentale per poterli disporre sta nella valutazione di due aspetti:

- la loro (eventuale) rinviabilità,
- la loro (eventuale) ripetibilità.

Gli accertamenti tecnici possono essere urgenti o non urgenti, con importanti ricadute sul piano delle garanzie difensive. Inoltre, possono essere ripetibili o non ripetibili a causa delle modificazioni che conseguono all'accertamento stesso.

La non ripetibilità può essere originaria (per es. autopsia) o sopravvenuta per motivi imprevedibili. Nel caso di impossibilità sopravvenuta per fatti e circostanze imprevedibili (art. 512 c.p.p.) è consentito il recupero dell'atto tramite la lettura degli atti in dibattimento.

La valutazione del criterio dell'urgenza dell'accertamento tecnico è in ogni caso preliminare a quello di ripetibilità. In entrambi i casi il principio della formazione della prova in dibattimento è, come detto, derogato.

L'irripetibilità dell'accertamento si concreta nella impossibilità materiale di rinnovare in giudizio il medesimo atto compiuto nella fase delle indagini preliminari. Va sottolineato che l'imprevedibilità dei fatti e delle circostanze che rendono impossibile la reiterazione dell'atto deve essere valutata non in riferimento al momento dibattimentale bensì a quello delle indagini preliminari, nel quale sarebbe stato alternativamente possibile accedere all'incidente probatorio. La valutazione sulla imprevedibilità sopravvenuta è demandata al giudice di merito e consiste nel verificare se la concreta situazione esistente era tale da rendere probabile, secondo il corso naturale degli eventi (*id quod plerumque accidit*), l'intervento di fattori incidenti sulla ripetibilità dell'atto stesso. Nei casi di irripetibilità sopravvenuta l'inserimento delle risultanze nel fascicolo del dibattimento non avviene fin dall'udienza preliminare, ma solo successivamente a dibattimento aperto.

L'art. 117 disp. att. c.p.p. estende l'ambito di operatività dell'art. 360 c.p.p. ai casi in cui è l'accertamento tecnico stesso a determinare la modificazione di cose, luoghi o persone tali da rendere l'atto non ripetibile. In questa ipotesi non rileva la non rinviabilità bensì l'impossibilità di ripetere l'atto data la modificazione irreversibile che l'oggetto o la persona o il luogo subisce a causa dell'accertamento stesso. Ciò comporta che, se l'accertamento fosse eseguito una seconda volta, la prova che se ne potrebbe ricavare sarebbe inaffidabile. Come detto, se un atto fosse prevedibilmente irripetibile, il pubblico ministero dovrebbe assumere la prova con incidente probatorio, anticipando la formazione della prova nel corso delle indagini preliminari.
Va chiarito che la prerogativa dell'incidente probatorio è la sua riferibilità alla non rinviabilità, che è concetto assai diverso da quello della irripetibilità. Questa distinzione si riverbera nel regime di formazione della prova e di utilizzabilità degli atti.
Gli accertamenti tecnici, infatti, possono essere rinviabili o non rinviabili. L'incidente probatorio, nel caso di accertamenti non rinviabili, è il meccanismo finalizzato all'acquisizione anticipata di prove che potrebbero essere soggette a dispersione se si attendesse il dibattimento. La valutazione prognostica sulla rinviabilità dell'accertamenti non è sull'atto in sè, ma sulla presenza di situazioni potenzialmente rischiose che rendono necessaria l'anticipazione dell'assunzione della prova. La valutazione sulla rinviabilità è, quindi, in relazione all'urgenza di assicurare la prova in rapporto ad una previsione in cui la prova venisse ritualmente assunta in dibattimento. Mentre in certe situazioni il fattore urgenza è in *re ipsa*, in altre va dimostrato. Il comma 4 dell'art. 360 c.p.p. individua una ipotesi di non rinviabilità di tipo "funzionale", in termini di efficacia probatoria: in questi casi attendere l'incidente probatorio, sarebbe controproducente.
Un tipo di previsione particolare, regolato da una legge speciale è quello previsto dall'art. 116 disp. att. c.p.p. quando si hanno sospetti sul decesso di una persona: in tale caso il Procuratore della Repubblica dispone l'autopsia con le garanzie previste dall'art. 360 c.p.p.

3. Accertamenti tecnici irripetibili del pubblico ministero

Il pubblico ministero, in caso decida di disporre una accertamento tecnico ai sensi dell'art. 360 c.p.p. ha l'obbligo di avvisare tempestivamente l'indagato, la persona offesa e i rispettivi difensori dell'ora e del giorno in cui verrà conferito l'incarico al suo consulente tecnico.

I consulenti tecnici, qualora nominati (co. 1), hanno il diritto di partecipare alle operazioni peritali con facoltà di formulare osservazioni e riserve (co. 3). Dati questi presupposti, la prova si forma (potenzialmente) nel contraddittorio. Il pubblico ministero, quindi, se gli avvisi sono stati notificati in modo corretto, può regolarmente procedere, spettando alle parti decidere sulla eventuale nomina del consulente tecnico di parte, al fine di garantire un contraddittorio tecnico che sia il più efficace possibile. Gli avvisi del pubblico ministero devono porre gli interessati nella condizione di partecipare senza ulteriori formalità.

Si sottolinea che la differenza principale dell'accertamento tecnico a norma del 360 c.p.p. rispetto a quello disciplinato dal 359 c.p.p. sta nella segretezza (dei secondi). Infatti gli accertamenti tecnici ripetibili, essendo appunto ripetibili, non necessitano di alcuna notifica di avviso al difensore. Gli accertamenti non ripetibili invece necessitano, per la loro stessa natura, delle massime garanzie procedimentali.

Un punto nodale riguarda le differenze e le motivazioni che possono spingere a utilizzare l'istituto degli accertamenti tecnici irripetibili in luogo dell'incidente probatorio, rinviando la dettagliata analisi quest'ultimo ad un paragrafo separato. L'incidente probatorio anticipa la formazione della prova al momento delle indagini preliminari (o dell'udienza preliminare) quando la formazione della prova non è ritenuta rinviabile al dibattimento. Quando, allora, potrebbe ritenersi più corretto, o prudente, almeno per la pubblica accusa, scegliere di procedere con accertamenti tecnici irripetibili? L'accertamento irripetibile presenta, potenzialmente, le garanzie difensive dell'incidente probatorio e permette di deflazionare il carico giudiziario dell'incidente probatorio, potendo risultare utile per tutte le perizie brevi ma non dilazionabili al dibattimento, che sono molto

frequenti nella prassi giudiziaria[84]. Resta comunque il fatto che solo nell'incidente probatorio il giudice, in posizione terza ed equidistante dalle parti, è presente.
In realtà esistono due tipi di accertamenti: quelli previsti dal co. 1 e quelli provvisti dal co. 4 dell'art. 360 c.p.p.. Per i primi l'irripetibilità è legata a "*persone, cose e luoghi il cui stato è soggetto a modificazione*", per i secondi invece la caratteristica saliente è quella di non poter essere più utilmente compiuti se differiti, e ciò spiega il motivo per il quale il pubblico ministero, nonostante il veto dell'indagato, decide di procedere ugualmente. Nella ipotesi del comma 4, l'esigenza di assumere la prova con urgenza è talmente cogente che qualsiasi differimento renderebbe infruttuoso il risultato dell'accertamento. Sarebbe quindi deleteria non solo l'attesa dei tempi standard dell'incidente probatorio, ma anche di quello cd. "accelerato" disciplinato dall'art. 400 c.p.p.
In sintesi, secondo una prima, più grossolana lettura del codice di rito, l'accertamento tecnico irripetibile è da utilizzare, sacrificando le maggiori garanzie dell'incidente probatorio, nel presupposto di una rapida modificazione dell'elemento di prova e della non rinviabilità dell'atto. Va sottolineato, infatti, che qualora l'accertamento fosse stato rinviabile e il pubblico ministero avesse agito forzando le regole, la sanzione dell'inutilizzabilità dei risultati renderebbe l'avventatezza del pubblico ministero responsabile della perdita di elementi probatori fondamentali.
Una lettura più fine della norma distingue, in realtà, l'eterogeneità della finalità dei due istituti. L'accertamento tecnico irripetibile confluisce nel fascicolo dibattimentale ed è utilizzabile ai fini della decisione (nel rito abbreviato a maggior ragione, essendo l'accertamento stato compiuto quale atto del p.m). Tuttavia, l'elemento che rileva è che il p.m., nel compierlo, ha come obiettivo il determinarsi in merito all'esercizio dell'azione penale (art. 326 c.p.p.). Il fatto che le risultanze confluiscano nel fascicolo dibattimentale è secondaria a quanto detto sopra: il pubblico ministero, in questa fase, deve orientarsi se archiviare, o se esercitare l'azione penale avendo

---

84 TAORMINA, Il regime della prova nel processo penale, Torino, 2007, p. 61

ottenuto elementi idonei a sostenere l'accusa in giudizio (art.. 125 disp. att. c.p.p.).
Presupposto molto diverso, anzi opposto, è quello dell'incidente probatorio che viene disposto proprio per anticipare la prova nel corso delle indagini, nel timore che questa possa essere dispersa se differita al momento del dibattimento. In questo caso, di primaria importanza è il fatto che i risultati confluiscano nel fascicolo dibattimentale mentre è solo secondario che i dati acquisiti possano essere utilizzati al fine di adottare ulteriori decisioni durante le indagini. Anche nell'applicare le disposizioni dell'art. 360 c.p.p., il pubblico ministero deve valutare tutte le risultanze, avendo come punto di riferimento l'art. 358 c.p.p. che impone di eseguire accertamenti su fatti e circostanze anche a favore dell'indagato. Non vanno pertanto trascurate piste investigative alternative, favorevoli all'indagato, che potrebbero far determinare la pubblica accusa a richiedere l'archiviazione.
Secondo il modello popperiano, infatti, il compito del ricercatore non consiste nel verificare le proprie ipotesi di lavoro, ma nel falsificarle, sottoponendole ad un "fuoco di obiezioni"; laddove una qualsiasi obiezione si riveli in grado di scardinare la fondatezza dell'ipotesi, falsificandola, questa dovrà essere accantonata in quanto inidonea a fornire spiegazioni convincenti; man mano invece che le obiezioni si infrangeranno contro quest'ipotesi di lavoro, rivelandosi incapace di falsificarla, questa "prenderà quota", assumendo via via gradi di corroborazione sempre più elevati[85]. L'accertamento tecnico deve essere svolto con metodo scientifico, dal momento che è diventato sempre più frequente l'utilizzo di avanzate metodologie scientifiche per l'accertamento giudiziale dei fatti.
La difficoltà per il giudice è quindi quella di immettere nel contesto giuridico i dati tecnici che gli provengono dalla scienza dell'esperto. Come di vedrà nel capitolo relativo alla prova scientifica il ruolo del giudice, attinto dal modello statunitense, è quello di *gatekeeper*, il quale prevede un controllo più pregante sugli esperti che sui "normali" testimoni.

---

[85] POPPER, La logica della scoperta scientifica. Il carattere autocorrettivo della scienza, traduzione di Mario Trinchero, Collana Paperbacks n.14, Torino, Einaudi, 1970

Infatti i parametri di ricostruzione del fatto e quelli della valutazione della prova scientifica sono diversi. La ricostruzione del fatto, con metodologie scientifiche, deve essere affidabile sul piano giuridico.
Il giudice deve, pertanto, valutare la validità dei metodi usati dagli esperti anche negli accertamenti tecnici irripetibili, potendo, anche in questo caso, dissentire dalle conclusioni degli esperti, motivandone la ragione.
Si vuole fare un breve cenno agli accertamenti tecnici della difesa (considerando che nei casi di colpa medica procede normalmente solo la procura) sottolineando che anche le risultanze di questi vanno inseriti, prima, nel fascicolo del pubblico ministero e, poi, in quello del dibattimento, indipendentemente dal fatto che il pubblico ministero abbia partecipato all'atto o sia rimasto inerte. Il pubblico ministero, così come accadeva per il difensore ex art. 360 c.p.p., può opporre il diritto di veto paralizzando la richiesta della difesa, riservandosi di procedere con incidente probatorio date le maggiori garanzie del contraddittorio.

4. Accertamenti tecnici della polizia giudiziaria

Nonostante il pubblico ministero sia il titolare delle indagini, e nonostante la polizia giudiziaria (p.g.) abbia l'obbligo di informarlo senza ritardo, la polizia giudiziaria può compiere attività di indagine in autonomia. Nel modello accusatorio la polizia giudiziaria non può formare né raccogliere prove. Tuttavia, sono previsti temperamenti in quanto la polizia giudiziaria, secondo le disposizioni dell'art. 348 c.p.p. può assicurare fonti di prova.
Per fonte di prova si intendono le persone, le cose o i documenti (per es. la cartella clinica) dai quali può essere desunta la dimostrazione dell'esistenza di circostanze rilevanti ai fini della decisione giudiziale.
La polizia giudiziaria agisce su tre fronti:

1) ricerca cose e tracce pertinenti al reato e le conserva, al fine di assicurare prove "reali" che possono poi portare al sequestro probatorio e preventivo, eseguito su iniziativa della stessa p.g.,
2) ricerca persone (fonti di prova "personale") in grado di riferire su fatti e circostanze rilevanti per la ricostruzione dei fatti,
3) compie atti tipici disciplinati dagli artt. 349-354 c.p.p.

Accanto a queste attività di competenza della p.g., come detto, ci sono attività esclusive del pubblico ministero, tra i quali gli accertamenti tecnici irripetibili.
L'attività di iniziativa della p.g., disciplinata dall'art. 347 co. 1 c.p.p., in genere precede la direzione di indagini da parte del p.m. che ancora non ha ricevuto la notizia di reato. Seguono poi l'attività "delegata", disciplinata dall'art. 348 co. 3 c.p.p. e l'attività "guidata" che è coordinata dal pubblico ministero. Un punto fermo da tenere presente è che esiste il divieto per la polizia giudiziaria di realizzare attività in contrasto con le linee-guida impartite dal pubblico ministero.
Come detto, la polizia giudiziaria può servirsi di persone idonee che non devono rivestire una particolare qualifica e, secondo quanto previsto dall'art. 384 co. 4 c.p.p., non possono rifiutare la loro opera.

5. Sequestro probatorio disposto dalla polizia giudiziaria

Il sequestro probatorio (art. 354 c.p.p.) è un mezzo di ricerca della prova, disposto d'urgenza dalla polizia giudiziaria, per assicurare una cosa mobile o immobile al procedimento per finalità probatoria. Compito della polizia giudiziaria è, infatti, assicurare che le tracce o le cose pertinenti al reato siano conservate fino all'eventuale intervento del pubblico ministero.
Il sequestro può essere disposto in presenza di presupposti di fatto e presupposti di diritto. I primi sono dati dal rischio di alterazione, dispersione o deterioramento di cose, luoghi o tracce del reato, e l'impossibilità per il pubblico ministero di intervenire tempestivamente, oppure quando lo stesso non abbia ancora assunto la direzione delle indagini.
I presupposti di diritto, comuni alle altre ipotesi di sequestro penale, sono rappresentati dal *fumus commissi delicti* di un reato (anche solo tentato) in base ad un giudizio basato su elementi oggettivi già acquisiti, e dalla sua strumentalità per la ricerca e la conservazione della prova.
Il verbale del sequestro è trasmesso entro 48 ore al p.m. del luogo dove il sequestro è stato eseguito. Il p.m. nelle 48 ore lo convalida con decreto motivato se ne ricorrono i presupposti (art. 355 c.p.p.).

6. Incidente probatorio

L'incidente probatorio è uno strumento processuale di acquisizione probatoria che permette di assumere anticipatamente, davanti al Giudice per le indagini preliminari (GIP) o al Giudice dell'Udienza Preliminare (GUP), e nel contraddittorio delle parti, un novero di prove cui verrà riconosciuto pieno rilievo istruttorio nel processo.
Il codice di procedura penale, come più volte ricordato, si ispira al modello accusatorio. La principale caratteristica di tale modello è la separazione tra la fase delle indagini preliminari e quella del dibattimento. La separazione funzionale tra queste due fasi comporta che la prova si formi nel dibattimento, nel contraddittorio delle parti e davanti al giudice terzo e imparziale. In genere gli atti compiuti nelle indagini preliminari (e dell' udienza preliminare) non possono essere utilizzati come prova nel dibattimento. L'istituto dell'incidente probatorio costituisce una deroga al principio della separazione tra la fase delle indagini e la fase del dibattimento consentendo l'acquisizione della prova, con il metodo accusatorio, nel corso delle indagini preliminari. L'incidente probatorio permette di anticipare, rispetto al dibattimento, la formazione della prova, costituendo applicazione del principio di non dispersione della prova. Si utilizza l'istituto dell'incidente probatorio per acquisire prove non rinviabili al dibattimento. Gli atti acquisiti con questo strumento sono pienamente utilizzabili ai fini del giudizio, perché assunti nel contraddittorio delle parti. I casi in cui è ammesso l'incidente probatorio sono tassativi ed elencati all'art. 392 c.p.p. e sono riconducibili a quattro categorie concettuali: prova esposta ad inquinamento, prova esposta a deterioramento, prova di cui al dibattimento diventerebbe impossibile l'acquisizione, prove le cui modalità di acquisizione appiano incompatibili con i tempi del dibattimento. La caratteristica che accomuna tutte le ipotesi disciplinate è un giudizio di ontologica non rinviabilità degli atti.
Come visto sopra, la dottrina distingue gli atti non rinviabili da quelli irripetibili in quanto i due termini non sono affatto sinonimi sottendendo concetti diversi. L'atto irripetibile può essere non rinviabile e viceversa. L'art. 392 c.p.p. prevede casi ammissibili sul presupposto della sola richiesta del pubblico ministero o dell'indagato. Tra questi figurano:

- la perizia di lunga durata (tale è quella perizia che, se fosse disposta nel dibattimento, ne potrebbe determinare una sospensione superiore a 60 giorni)
- la riserva di incidente a seguito di accertamento tecnico irripetibile disposto dal pubblico ministero (art. 360 c.p.p.) o dal difensore (art. 391 *decies* c.p.p.).

Per accedere all'incidente probatorio sono previsti limiti temporali per le parti. L'originaria previsione codicistica prevedeva che l'incidente probatorio potesse essere richiesto dalle parti solo nel corso delle indagini preliminari, tanto che le indagini medesime potevano (come possono) essere prorogate proprio ai fini della sua esecuzione (art. 393 c.p.p.). Dopo la pronuncia della Corte Costituzionale n. 77 del 1994 l'incidente probatorio può essere esperito anche nell'udienza preliminare. Con questa pronuncia, infatti, la Consulta ha affermato l'incostituzionalità dell'art. 393 c.p.p. nella parte in cui non consentiva l'esecuzione dell'incidente probatorio anche in questa udienza. La ratio di questo provvedimento è stata quella di consentire all'imputato di poter accedere all'incidente una volta venuto a conoscenza di tutti gli atti di indagine.

Importanti modifiche alla disciplina dell'incidente probatorio sono avvenute con la legge 269 del 1997 e con l'intervento della Corte Costituzionale n. 428 del 1999, ma non verranno qui trattate perché non attinenti a questa tesi di laurea.

I soggetti che possono richiedere l'incidente probatorio sono:
- il pubblico ministero (eventualmente sollecitato dalla persona offesa), oppure
- l'indagato.

L'incidente probatorio non può essere promosso d'ufficio, in tal caso si configurerebbe un provvedimento abnorme[86]. La richiesta di poter procedere a incidente probatorio (art. 393 c.p.p.) va presentata entro i termini per la conclusione delle indagini preliminari e, comunque, in tempo sufficiente per l'assunzione della prova prima della scadenza dei medesimi termini. La dottrina discute in merito al contenuto minimo della richiesta. Si sono formati due orientamenti. Il primo è più restrittivo e presuppone l'assoluta eccezionalità dell'istituto. Ne deriva che la richiesta deve essere molto precisa nell'indicare l'oggetto

---

[86] Cass. pen., rv. 23930/2010

della prova e le ragioni della sua rilevanza ai fini della decisione dibattimentale, oltre che nel descrivere le circostanze che rendono la prova non rinviabile al dibattimento, momento naturale di formazione della prova stessa. Una seconda tesi, dando una lettura molto meno rigorosa, ritiene che l'indicazione dei requisiti possa essere anche generica.

La decisione sulla richiesta spetta al Giudice per le Indagini Preliminari (G.I.P.) con provvedimento non impugnabile[87]. Tale inoppugnabilità si estende anche al provvedimento con cui il G.I.P. decide sulla richiesta di proroga del termine delle indagini preliminari ai fini dell'esecuzione dell'incidente probatorio[88]. Quindi, sia il provvedimento del G.I.P. in ordine alla richiesta di incidente probatorio che quello in ordine alla proroga delle indagini preliminari ai fini dell'esecuzione dell'incidente probatorio sono entrambi inoppugnabili[89].

L'incidente probatorio, come già visto, può essere chiesto anche dalla persona offesa (art. 394 c.p.p) indirizzando la richiesta al pubblico ministero (p.m.), non potendo la persona offesa accedere in modo diretto al G.I.P. Il p.m. esercita in questi casi una funzione di "filtro". Se non accoglie la richiesta, il p.m. pronuncia decreto motivato, che va notificato alla persona offesa a pena di nullità (ex art. 125 co. 3), nel quale si esplicitano le ragioni della mancata adesione.

Qualora sia stato disposto incidente probatorio, anche la persona offesa (p.o.) ha facoltà di svolgervi le sue difese potendo a sua volta nominare un proprio consulente tecnico[90]. Su punto, relativo ai diritti e alle facoltà della p.o., si è acceso, in passato, un forte dibattito. La Corte Costituzionale, nella pronuncia già citata, ha ritenuto manifestamente infondata la questione di costituzionalità dell'art. 401 c.p.p. in quanto la norma doveva interpretarsi coerentemente con i principi generali che attribuiscono alle parti tutte, e quindi anche alla persona offesa, la tutela anticipata dei diritti in sede di incidente probatorio.

---

[87] Cass. pen., 23 marzo 1991, rv. 186692

[88] Cass. pen., 8 febbraio 1992, rv. 189052

[89] Cass. pen., 31 gennaio 2005, rv. 2926

[90] Corte Cost., n. 559 del 12 dicembre 1990; Cass. pen., 15 febbraio 1991, rv.186439

La richiesta di incidente probatorio va depositata nella cancelleria del giudice per le indagini preliminari (art. 395 c.p.p.) e va notificata a cura di chi l'ha proposta, al pubblico ministero e alle persone indicate nell'art. 393 co.1 lett. *b*), cioè alle persone nei confronti delle quali si procede per i fatti oggetto della prova. È intervenuta sul punto la Consulta a specificare che la norma va letta in combinato disposto con gli artt. 61 e 99 c.p.p. che prevedono l'obbligo di notifica al difensore[91] per tutti gli atti delle indagini preliminari, incidente probatorio, pertanto, incluso.
Un consolidato orientamento dottrinale ritiene che la richiesta di incidente probatorio non vada notificata alla persona offesa che, seppur non ha autonomo potere di proposta, può tuttavia partecipare all'incidente probatorio. Non potendosi considerare parte la persona offesa nella fase delle indagini preliminari, è da escludere che mancata notifica dell'avviso al difensore di quest'ultima determini una nullità.
Il soggetto che richiede l'incidente probatorio ha l'onere di precisare nella richiesta: la prova di cui si chiede l'assunzione, i fatti che ne costituiscono l'oggetto, le ragioni della sua rilevanza per la decisione dibattimentale, le persone nei confronti delle quali si procede per i fatti oggetto di prova, le circostanze che rendono la prova non rinviabile al dibattimento.
Una volta che la richiesta è stata depositata, le parti hanno un termine di due giorni per replicare (art. 396 c.p.p.) presentando deduzioni su ammissibilità e fondatezza della richiesta. A seguito della presentazione e notificazione della richiesta di incidente probatorio, si apre quindi un sub-procedimento caratterizzato da un contraddittorio scritto, sotto forma di deduzioni su ammissibilità e fondamento della richiesta. Il ristretto termine previsto dalla legge per la presentazione delle deduzioni non è previsto secondo la dottrina a pena di decadenza, mancando una espressa comminatoria in tal senso.
Il contraddittorio sull'ammissibilità dell'incidente prevede 4 fasi: il contraddittorio sull'ammissibilità dell'incidente, la decisione del giudice sulla ammissibilità e fondatezza della richiesta, svolgimento dell'udienza in camera di consiglio infine l'eventuale integrazione del contraddittorio.

---

[91] Corte Cost., n. 436/1999

L'incidente probatorio può essere differito (art. 397 c.p.p). Il differimento può essere richiesto, nei termine dei 2 giorni dalla richiesta, solo dal pubblico ministero al G.I.P. qualora l'incidente probatorio sia stato richiesto dalla persona sottoposta alle indagini. La ratio del differimento risponde all'esigenza di evitare che il meccanismo di pre-acquisizione probatoria possa essere usato dall'indagato come espediente per conoscere in anticipo gli elementi in possesso del pubblico ministero, in modo da pregiudicare uno o più atti di indagine. Viceversa, per evitare strumentalizzazioni anche da parte dell'accusa, in caso di richiesta di differimento il pubblico ministero dovrà dedurre il pregiudizio per l'attività investigativa, dimostrando il nesso di immediata consequenzialità che esiste tra l'attività richiesta e il pregiudizio per le indagini. In ogni caso, il differimento non è consentito quando l'assunzione della prova ne sarebbe pregiudicata. Il Giudice decide in merito alla richiesta di differimento senza contraddittorio e comunica la decisione al p.m. che la notifica alle persone interessate.
La legge 16 dicembre 1999 n. 479 ha introdotto l'art. 430 *bis* che prevede il divieto per il pubblico ministero e per il difensore di assumere informazioni dalle persone indicate nella richiesta di incidente probatorio. Tale divieto si applica sia in siede pre-dibattimentale che dibattimentale, come pure in udienza preliminare in caso di integrazione probatoria (art. 422 c.p.p.).
Il giudice decide, sulla richiesta di incidente probatorio, con ordinanza non impugnabile (art. 398 c.p.p.) in una di queste tre direzioni:

- accogliendo la domanda (dando avviso della fissazione dell'udienza),
- ritenendola inammissibile,
- rigettandola.

Qualora la richiesta sia accolta, nell'ordinanza di accoglimento il giudice deve indicare l'oggetto della prova (nei limiti della richiesta e delle deduzioni delle controparti), le persone interessate e la data dell'udienza.
Ai sensi dell'art. 398 co. 3 incombe sul pubblico ministero l'obbligo di depositare, prima dell'udienza, i verbali delle dichiarazioni che la persona da esaminare ha rilasciato in precedenza alla polizia giudiziaria e allo stesso pubblico ministero. È questa la ragione per la quale il giudice deve disporre, con l'ordinanza di ammissione, la

notifica all'indagato, alla persona offesa e ai difensori della data in cui avverrà l'incidente probatorio, con l'avvertimento che, nei due giorni precedenti l'udienza, questi possono prendere cognizione ed estrarre copia delle dichiarazioni già rese della persona da esaminare. Questo onere, che grava sull'accusa, può diventare favorevole all'indagato che verrebbe così messo a conoscenza di elementi che, diversamente, non avrebbe potuto scoprire fino alla conclusione delle indagini.
L'art. 399 c.p.p. prevede la possibilità che, per compiere un atto da assumere con incidente probatorio, la persona sottoposta alle indagini venga accompagnata coattivamente qualora non adduca un legittimo impedimento. L'art. 132 c.p.p. attribuisce, infatti, al giudice il (generico) potere di far condurre l'imputato alla sua presenza anche con l'uso della forza. In caso di incidente probatorio l'uso della forza è subordinato a due presupposti: il primo consiste nella necessità della presenza dell'indagato per l'assunzione della prova, il secondo nella mancata comparizione senza allegazione di un legittimo impedimento.
L'esigenza di garantire comunque l'assunzione del mezzo di prova, ad esempio in presenza di un testimone in imminente pericolo di vita, permette al giudice di avvalersi di poteri acceleratori. L'art. 400 c.p.p. prevede che, qualora per assicurare l'assunzione della prova sia indispensabile procedere con urgenza a incidente probatorio, il giudice disponga con decreto motivato che i termini previsti degli articoli precedenti siano abbreviati nella misura necessaria.
L'udienza per l'assunzione della prova nell'incidente probatorio si svolge in camera di consiglio (art. 401 c.p.p.) con la necessaria partecipazione del pubblico ministero e del difensore della persona sottoposta a indagini (nel caso in cui tale difensore non sia disponibile, il giudice designa altro difensore ex art. 97 co. 4 c.p.p.). Il difensore della persona offesa ha il diritto di partecipare e può chiedere al giudice di rivolgere domande alle persone esaminate. Se il difensore della persona offesa non compare l'udienza si svolge ugualmente. L'intervento personale dell'indagato o della persona offesa dal reato è consentito di diritto solo quando si debba procedere all'esame di un testimone o all'interrogatorio dell'indagato. L'indagato e la persona offesa hanno, inoltre, diritto di assistere all'incidente probatorio quando si devono esaminare testimoni o altre persone. Negli altri casi

possono partecipare previa autorizzazione del giudice delle indagini preliminari.
Le prove sono assunte con le forme stabilite per il dibattimento, tranne per il fatto che l'udienza non è pubblica, ma in camera di consiglio, e che l'indagato può partecipare solo nelle ipotesi sopra descritte. In merito alla modalità di assunzione della perizia si sono formati due orientamenti. Secondo il primo, ove la prova da assumere sia una perizia, il giudice dell'incidente probatorio non può limitarsi a fissare la data di deposito di una relazione scritta del perito ma, a pena di nullità dell'incidente, deve fissare l'udienza nella quale procedere all'audizione in contraddittorio del perito [92]. Un diverso filone interpretativo si richiama alla sentenza della Corte Costituzionale[93] nel ritenere che, in questi casi, non si verifica alcuna nullità, non essendo prescritto che per l'esame del perito debba essere fissata, anche nella sede pre-dibattimentale, un'udienza apposita, essendo sufficiente che l'audizione in contraddittorio sia comunque avvenuta, ad esempio nel corso dell'udienza preliminare[94]. La questione è delicata, e va ulteriormente approfondita, e definita a favore del secondo orientamento.
È stato affermato che nell'incidente probatorio, ancorché l'art. 401 co. 5 preveda che "*le prove sono assunte con le forme stabilite per il dibattimento*", non trova applicazione l'art. 511 co.3 c.p.p (secondo il quale la lettura della relazione peritale è disposta solamente dopo l'esame del perito) perché è possibile parlare di "lettura degli atti" solo per quegli atti (ad es. la consulenza tecnica) che si sono formati prima del giudizio e che, appunto con questa modalità, vengono immessi nel giudizio medesimo. Di conseguenza, la perizia raccolta in sede di incidente probatorio è utilizzabile anche se non si sia avuto il previo

[92] Cass. pen., 22 ottobre 1994, rv. 199576; id, Cass. pen., 5 novembre 2008, rv. 242192
[93] Corte cost., sentenza n. 77 del 1994
[94] Cass. pen., 24 giugno 1997, rv. 208517

esame orale dei periti[95]. È pacifico che la perizia possa essere usata a fini cautelari subito dopo il deposito della relazione[96].
In merito all'assunzione della testimonianza, integra una nullità relativa l'irrituale compressione, a opera del giudice, dei tempi di svolgimento dell'esame e del controesame di una prova testimoniale assunta in incidente probatorio in quanto ciò determina l'indebita limitazione del contraddittorio e la violazione del diritto di difesa[97].
Del resto lo scopo dell'incidente probatorio è quello di anticipare la prova rispetto al dibattimento garantendo il diritto di difesa dell'indagato nei confronti del quale la prova stessa potrà essere utilizzata in dibattimento. Questo strumento deve essere utilizzato al meglio e "senza fretta" per evitare che la prova possa formarsi "viziata " e quindi, di fatto, divenire poi non utilizzabile.
L'incidente probatorio rappresenta un momento delicatissimo del procedimento penale che deve garantire pienamente i diritti della persona sottoposta a procedimento evitando qualsiasi deviazione dai principi costituzionali del giusto processo.
Fondamentale per comprendere la natura più profonda dell'incidente probatorio è il co. 6 dell'art. 401 c.p.p.: è vietato estendere l'assunzione della prova a fatti riguardanti persone diverse da quelle i cui difensori hanno partecipato all'incidente probatorio. Le garanzie difensive sono qui esplicitate nella massima misura. Se il difensore non è stato presente, la prova non può essersi formata. Il co. 6 fa salva la circostanza in cui il contraddittorio venga allargato: "salvo quanto previsto dall'art. 402 c.p.p.". L'art. 402 c.p.p., rubricato "estensione del contraddittorio" descrive una sorta di sub-procedimento, che può aprirsi su richiesta della parte, nel corso dell'udienza per l'assunzione anticipata della prova. Tale norma impone al giudice il rispetto dei limiti dettati dall'art. 401 c.p.p., che possono essere superati solo con l'integrazione del contraddittorio. Quindi, in conclusione, nell'incidente probatorio si formano prove utilizzabili solo da parte di chi ha potuto esercitare il diritto di difesa pieno.
Il concetto è ben espresso dall'art 403 co. 1 c.p.p : "*nel dibattimento le prove assunte con incidente probatorio sono utilizzabili soltanto*

95 Cass. pen., 16 maggio 1997, rv. 207483

96 Cass. pen., 8 agosto 1995, rv. 202367

97 Cass. pen., 9 gennaio 2009, rv.243094

nei confronti degli imputati i cui difensori hanno partecipato alla loro assunzione". Il problema dell'utilizzabilità della prova diventa importante quando la persona oggetto di procedimento non era ancora tale nel momento dell'esecuzione dell'incidente probatorio. In tale evenienza tale soggetto rimane estraneo all'assunzione della prova, mancando il difensore. Può infatti accadere che si debba procedere ad indicente probatorio anche per procedimenti contro ignoti. L'art. 403 co. 1 bis, aggiunto dalla legge n. 267/1997 art. 5 co. 1, prevede che "*le prove di cui al comma 1 non sono utilizzabili nei confronti dell'imputato raggiunto solo successivamente all'incidente probatorio da indizi di colpevolezza se il difensore non ha partecipato alla loro assunzione, salvo che i suddetti indizi siano emersi dopo che la ripetizione dell'atto sia divenuta impossibile*". La Corte Costituzionale ha individuato il punto di equilibrio tra le diverse esigenze, potenzialmente in conflitto, affermando che non vi è violazione del principio del contraddittorio quando non vi è alcuno con il quale instaurarlo, ad esempio quando si procede contro ignoti. Quando invece, in tutt'altra ipotesi, un indagato vi fosse stato, ma fosse risultato coinvolto dall'accertamento solo dopo espletamento dello stesso, la prova è utilizzabile nei suoi confronti soltanto se non è possibile rinnovare l'incidente probatorio[98].
Ne è derivato il principio giurisprudenziale per il quale la regola della utilizzabilità delle prove assunte nell'incidente probatorio, nei confronti dei soli imputati il cui difensore ha partecipato all'assunzione, non trova applicazione quando si tratti di soggetti che erano estranei al procedimento nel momento in cui esso si svolgeva, perché era ontologicamente impossibile che vi partecipassero[99]. Questa regola non si applica nemmeno quando tali persone, rimaste estranee all'accertamento, proprio in virtù della prova raggiunta in sede di incidente probatorio siano state raggiunte da indizi di colpevolezza[100]. Quindi l'impossibilità alla partecipazione all'incidente probatorio, a mezzo del difensore, deve essere dipeso da circostanze oggettive, sia che derivino dalla mancata individuazione

---

98 Corte cost., n. 181 del 1994

99 Cass. pen., 3 febbraio 1997, rv. 206671

100 Cass. pen., 26 luglio 2002, rv. 222744

delle persone successivamente coinvolte che dalla impossibilità di ripetere l'accertamento, ma non da uno "strategico" tentativo di estromettere soggetti dall'acquisizione anticipata della prova.
L'impossibilità sopravvenuta è infatti una delle cause che legittimano la deroga al contraddittorio nella formazione della prova[101]. Con l'introduzione del comma 1 *bis* a opera dell'articolo 5 della legge 267/1997, il legislatore ha recepito le indicazioni provenienti dalla Corte Costituzionale prevedendo, ancora più rigorosamente, che gli indizi di reità devono essere emersi non soltanto nel tempo successivo all'incidente probatorio, ma anche dopo che la ripetizione dell'atto è divenuta impossibile. Se così non fosse, il contraddittorio andrebbe allargato al nuovo soggetto per garantire un pieno ed effettivo diritto di difesa.
Importanti ricadute sulla parte civile sono date dall'art. 404 c.p.p. La sentenza pronunciata sulla base di una prova assunta con incidente probatorio a cui il danneggiato dal reato non è stato posto in grado di partecipare, non produce gli effetti previsti dall'articolo 652 c.p.p. (efficacia della sentenza penale di assoluzione nel giudizio civile o amministrativo di danno) salvo che il danneggiato stesso ne abbia fatta accettazione anche tacita. La ratio della norma sta, ancora una volta, nell'esigenza di tutela del contraddittorio.
Secondo la più attenta dottrina la norma presenta caratteri atipici perché opera solo nei confronti del danneggiato dal reato, non determina l'invalidità della sentenza pronunciata sulla base della prova viziata (dalla violazione del contraddittorio), ma comporta l'inopponibilità della stessa sentenza nel successivo giudizio civile.
A differenza delle altre ipotesi di inutilizzabilità è qui consentita la sanatoria. La disposizione (art. 652 cit.) sembra incentivare l'esercizio dell'azione civile nella sua sede naturale in quanto, una volta dato avviso al danneggiato della possibilità della costituzione di parte civile, solo l'esercizio dell'azione in sede civile prima della sentenza di primo grado, lo rende immune dall'effetto pregiudizievole dell'assoluzione dell'imputato.

---

[101] art. 111 co. 5 Cost., introdotto dalla Legge Cost. 23 novembre 1999 n. 2 sul Giusto Processo

CAPITOLO 4 – LA PROVA SCIENTIFICA: GENERALITA'

SOMMARIO — 1. Prova penale scientifica in Italia e nel modello statunitense — 2. Ammissione: modello italiano e nordamericano a confronto — 3. La valutazione della prova scientifica — 4. La decisione – 5. La valutazione della perizia, quale strumento che veicola prove scientifiche, e il contrasto tra esperti – 6. Incidente probatorio

1. Prova penale scientifica [102] in Italia e nel modello statunitense

Iacoviello esordisce, in tema di scientifica, in modo netto: "L'incubo rimosso del processo penale: la prova scientifica"[103].

Sono prove scientifiche le prove che, ai fini della formazione del convincimento del giudice, richiedono, per l'accertamento del fatto, inferenze ottenute tramite conoscenze che vanno oltre il sapere dell'uomo medio e che non sono riconducibili alle massime d'esperienza.

Nel processo sono quindi gli esperti (consulenti tecnici e periti) i soggetti deputati a veicolare informazioni e valutazioni tecnico-scientifiche al giudice, mettendolo nelle condizioni di poter decidere sulla base del suo libero convincimento. Nell'ipotesi in cui servano particolari competenze per giungere alla decisione, il giudice deve poter disporre di sufficienti elementi scientifici forniti dagli esperti di quel settore, ma allo stesso tempo il giudice rimane colui che deve decidere. Il bagaglio culturale di cui il magistrato si deve servire per esercitare il controllo sull'esperto deve essere lo stesso di quello che potrebbe esercitare la collettività, tanto che negli Stati Uniti, come meglio sarà descritto, il giudice e la giuria popolare svolgono funzioni

---

[102] DOMINIONI, La prova penale scientifica. Gli strumenti scientifico-tecnici nuovi o controversi e di elevata specializzazione, Giuffrè, 2005 p. 115 e ss.

[103] IACOVIELLO, La Cassazione penale. Fatto, diritto e motivazione, Giuffrè, 2013, p. 599 e ss.

diverse. In Italia, invece, entrambe le funzioni sono svolte dalla stessa persona.
Negli USA il giudice è dominus dell'ammissione delle prove. La giuria, invece, deve riflettere per definizione, uno spaccato fedele della collettività, facendo ricorso, per emettere il verdetto, al senso comune della collettività rappresentata.
In Italia il giudice è professionale. Sarebbe, pertanto, inadeguato parametrare il suo sapere comune con la cultura dell'uomo medio. Si usa distinguere il sapere dell'esperto rispetto a quello del giudice e delle parti processuali, intesi come soggetti dotati di un livello culturale comunque medio-alto. Le conoscenze che si devono riversare nella motivazione della sentenza devono essere, di conseguenza, di pertinenza sia del giudice che delle parti. È precluso al giudice l'utilizzo di una personale scienza privata perché verrebbe lesionato il diritto al contraddittorio per la formazione della prova. Nel codice di procedura penale del 1988 giudici e parti sono compartecipi della funzione di ricostruzione del fatto. Pertanto, pur se con differenti ruoli, devono avere conoscenze possedute in uguale misura.
Quando necessario per le competenze richieste, come detto, nel processo deve entrare a pieno titolo l'esperto, in qualità di testimone "qualificato" che si differenzia dal testimone comune. Mentre quest'ultimo fa uso del sapere comune (identificato nel patrimonio culturale dell'uomo medio) per percepire un fatto, l'esperto usa le sue specifiche competenze e/o strumenti scientifici e tecnici che possono permettergli di affrontare questioni poste anche come *hypotetical question*.
Gli strumenti probatori scientifico-tecnici sono estranei per la loro natura alle previsioni del catalogo legale, poiché appartengono al patrimonio delle ricerche scientifiche e tecnologiche che esorbitano dalla normazione di "competenza" della legge. Date queste caratteristiche la legge non solo può, ma piuttosto deve, regolarne i presupposti e le procedure al fine di permettere il loro ingresso nel processo.
Nonostante sia improprio parlare di "atipicità", la nuova prova scientifica, per prassi giudiziaria, si colloca normativamente all'interno della previsione dell'art. 189 c.p.p., anche perché il codice di procedura penale del 1988 non ha previsto una disciplina apposita per l'ammissione della prova scientifica, confidando che questa,

qualora si presenti come "nuova", debba afferire all'istituto della prova atipica. La prova mediante esperto è sempre prova scientifica, a maggior ragione quando è nuova.

I momenti peculiari del procedimento probatorio per la prova scientifica prevedono le stesse fasi previste per la prova comune: l'ammissione, l'assunzione, la valutazione e la decisione. Il giudice ha un compito molto delicato perché, pur non essendo scienziato, deve scegliere quali prove fare entrare, come farlo, infine, valutarle.

Nella prova scientifica la maggiore insidia è costituita dall'errore soprattutto quando la prova scientifica (si faccia il caso dell'autopsia) non può essere analizzata e valutata dalla difesa perché un indagato ancora non c'è.

La prova scientifica ha cambiato il modello del processo perché ha permesso che le affermazioni dell'esperto si sostituissero alla testimonianza e al criterio ricostruttivo dettato dal comune buon senso. Il vero problema della prova scientifica sta nella individuazione dei criteri di controllo che permettono al giudice di controllare, appunto, le conclusioni dell'esperto. Il giudice deve avere la certezza che l'esperto abbia individuato correttamente la teoria scientifica da applicare al caso concreto e che l'abbia applicata bene, giungendo a conclusioni coerenti. Deve quindi potersi identificare una cultura di criteri, ossia di schemi concettuali, che permettano al giudice (e alle parti) di scrutinare la validità delle leggi scientifiche e delle tecnologie usate dall'esperto e la correttezza della loro applicazione. È lo stesso giudice che deve enucleare questi criteri, potendoli attingere da più fonti, come la letteratura giuridica, l'elaborazione giurisprudenziale, lo stesso ambito scientifico dell'esperto grazie alle pubblicazione inerenti la validazione (o la confutazione) delle teorie scientifiche.

Le nuove prove scientifiche pongono innegabilmente grandi e diversi problemi al giudice per diversi aspetti: sono lontane dalle conoscenze del magistrato e delle parti, spesso sono "prova decisiva" e spesso sono pure controverse.

In relazione alla prova scientifica va precisato che sarebbe scorretto ipotizzare una sorta di reintroduzione della "prova legale", avente valore vincolante e incontestabile, tale da imporre al giudicante di ritenere necessariamente confermata la circostanza alla quale essa fa riferimento, a causa dell'affidabilità del metodo con cui i dati conoscitivi sono stati acquisiti (...) fermo restando che il

riconoscimento di un "peso" significativo ad una determinata prova non autorizza peraltro l'attribuzione ad essa di un carattere di inconfutabilità[104].
Costituisce infatti "un'illusione pensare che la prova scientifica possa dare garanzie di assoluta certezza nell'accertamento del fatto"[105].

2. Ammissione: modello italiano e nordamericano a confronto

Un problema da risolvere, alla luce della disciplina sulla prova atipica dettata dell'art. 189 c.p.p., si affronta quando la prova scientifica è nuova, controversa, o di elevata specializzazione. La norma citata impone che la prova atipica sia idonea ad assicurare l'accertamento del fatto senza ledere la libertà morale della persona.
L'accertamento di questi requisiti non è acclarato una volta per tutte quando si tratta di prova scientifica, ben potendo accadere che strumenti probatori scientifici-tecnici già conosciuti e collaudati nella prassi, si presentino ad un certo punto con elementi nuovi, sopravvenuti, rimettendo in discussione le valutazioni giudiziarie precedenti. Anche in questo caso, nella fase dell'ammissione della la prova scientifica (a questo punto nuova) il giudice dovrà aprire il contraddittorio tra le parti per poter riaffermare che la stessa, così come prospettata dalle nozioni di recente acquisizione, permane idonea ad accertare il fatto senza ledere la libertà morale della persona, e se necessario, predisporrà modalità assuntive atipiche. Le stesse considerazioni valgono nel caso di strumenti probatori di elevata specializzazione tecnico-scientifica.
Nell'ipotesi di una prova scientifica già processualmente conosciuta come controversa e di elevata specializzazione, il requisito che il giudice deve accertare è la sua idoneità alla ricostruzione del fatto (essendo proprio questo il punto oggetto di controversia). Tale requisito, in sede di giudizio di ammissione, va delibato dal giudice

---

[104] RIVELLO, La prova scientifica cit., p.61

[105] AMODIO, Il diritto delle prove penali nel pensiero di Mirjan Damaska, in "Riv. it. proc. pen.", 2007, p. 15; analogamente LORUSSO, Investigazioni scientifiche, verità processuale ed etica degli esperti, in "Dir. pen. proc.", 2010, p. 1345

solo dopo aver criticamente valutato nel caso concreto l'affidabilità della prova nella ricostruzione del fatto, senza adagiarsi in modo acritico sui casi precedenti. Possono, dunque, presentarsi una serie di ipotesi in cui il giudice dovrà risolvere una serie di questioni preliminari formulate dalla parte che richiede la prova, oppure, e con maggior veemenza, dalla controparte che vi si oppone. In realtà potrebbe essere lo stesso giudice a sollevare la questione, d'ufficio, avendone ravveduto gli estremi, in tal caso si dovrà dare luogo al contraddittorio ex art. 405 c.p.p. (non potendo il giudice decidere de plano).

La risoluzione delle questioni preliminari può portare a due esiti: se la risoluzione è negativa il giudice emetterà un'ordinanza con la quale rileverà che la prova richiesta manca dei requisiti necessari per l'applicazione dell'art. 189 c.p.p, pertanto disporrà che si proceda secondo i soli criteri generali dell'art. 190 c.p.p. Qualora, invece, l'esito fosse affermativo, essendo stati accertati i requisiti che permettono l'applicazione dell'art. 189 cit., si applicheranno sia le regole dettate dall'art. 189 c.p.p sia quelle dell'art. 190 c.p.p. e su queste verranno calibrati il contraddittorio e il provvedimento concernente l'ammissione.

Occorre rilevare che le due questioni sono distinte in quanto la decisione sull'applicabilità dell'art.189 c.p.p. alla prova scientifica è preliminare a quella sull'ammissibilità della stessa. Il giudizio espresso nella fase di ammissione dal giudice in relazione ai parametri dell'art. 189 c.p.p. può rivelarsi poi errato in corso di valutazione. Questo non deve stupire perché, rispetto alla fase dell'ammissione, nel momento della valutazione la validità teorica e l'adeguatezza dello strumento scientifico-tecnico richiedono un titolo logico più elevato. Il risultato non potrà, quindi, comportare l'invalidità della prova perché, altrimenti, si dovrebbe, già in fase di ammissione, operare la valutazione e ciò non è possibile.

In ogni caso, in caso di contestazione rimane spazio per il giudizio di appello e per il sindacato di legittimità nel giudizio di Cassazione.

I due articoli che disciplinano l'ammissione delle prove, tipiche e atipiche, hanno peculiarità differenti. L'art. 190 cit. sancisce un vero e proprio diritto alla prova in favore delle parti processuali, comprimibile solo dal fatto che la prova richiesta sia vietata dalla

legge o manifestamente superflua o irrilevante. Il giudice, quando applica l'art.190 c.p.p, effettua una valutazione di carattere negativo:
a) la prova non è vietata dalla legge
b) la prova non è in modo manifesto superflua o irrilevante.
Quando invece il giudice deve applicare l'art. 189 c.p.p. le valutazioni cambiano. La norma prevede infatti che la prova atipica può essere assunta se presenta due caratteristiche positive:
a) è idonea ad assicurare l'accertamento dei i fatti
b) rispetta la libertà morale della persona
Per queste ragioni, quando si tratta di prova non disciplinata della legge (c.d. atipica), il vaglio di ammissibilità del giudice si fa molto più pregnante rispetto a quanto non avvenga per le prove tipiche.
Il codice di rito disciplina due figure "prototipo" di prova scientifica: la perizia (art. 220 c.p.p.) e la consulenza tecnica (art. 233 c.p.p.) che vengono disposte quando sorge la necessità di *"svolgere indagini o acquisire dati o valutazioni che richiedono specifiche competenze tecniche, scientifiche o artistiche"*. Va evidenziato che, in caso di prove scientifiche nuove, le fonti formali della perizia e della consulenza tecnica possono risultare inadatte. Per questo motivo la modalità di assunzione andrà specificata secondo i criteri della prova atipica, sentite le parti in contraddittorio.
Le prove scientifiche richiedendo specifiche competenze e sono sottratte ai comuni criteri valutativi riferibili alle altre prove, come sopra enunciato. Il dato contraddittorio che emerge è che il giudice deve esprimersi sulle stesse vicende per le quali ha chiesto il parere di un esperto (non disponendo del patrimonio culturale necessario), senza poterne vagliare criticamente l'operato. Il giudice, se applicasse solamente il disposto dell'art. 220, senza l'utilizzo di altre regole epistemologiche relativamente al vaglio della "scientificità" della prova, dovrebbe interamente affidare l'assunzione della prova ad un altro soggetto (l'esperto) senza conoscere il grado di scientificità del metodo che lo stesso ha assunto nell'esaminare la prova. Se la prova scientifica fosse considerata prova tipica essa dovrebbe sottostare unicamente alla valutazione di stampo negativa dell'art. 190 del codice di rito, con la conseguenza, per le parti, di poter rivendicare un vero e proprio "diritto alla prova scientifica" indipendentemente dalla sua idoneità ad accertare il fatto.

La questione presenta una soluzione complessa, non solo nell'ordinamento italiano. Per identificare e comprendere le caratteristiche giuridiche della prova scientifica può essere utile volgere lo sguardo all'articolato dibattito affrontato negli Stati Uniti. Negli USA si sono succeduti due modelli: la *general acceptance* e il *gatekeeper role* affermatisi nelle decisioni rispettivamente rese nei *leading cases* Frye (1923, Court of Appeals for The District of Columbia) e Daubert (1993, Corte Suprema)

Il dibattito ha avuto il suo esordio nei primi anni '900 con l'affermazione della teoria del *commercial market place* secondo la quale il grado di affermazione di un esperto (*expert fitness*) in un settore derivava dal grado di affermazione che costui aveva raggiunto e conseguito sul mercato. Dall'affidabilità dell'esperto si ricavava quindi l'affidabilità della prova. Evoluzione di questa teoria è stata quella dell'*intellectual market place* che si riferiva non solo al grado di affermazione raggiunto dall'esperto sul e nel mercato ma anche alle sue specifiche competenze tecniche, col risultato che la scienza fosse costituita e incarnata dallo scienziato, o meglio dalla sua autorevolezza.

Fu la storica sentenza "Frye v. United States", emessa dalla Corte del distretto della Columbia nel 1923, a cambiare la prospettiva in tema di prova scientifica. Venne in quel momento consacrata la teoria della *general acceptance test* e i termini della questione cambiarono completamente. Fu sancito il principio per il quale la prova scientifica, per essere ammessa, doveva fondarsi su un principio la cui validità fosse riconosciuta dalla generale approvazione della comunità scientifica. Il piano della credibilità veniva spostato da quello del singolo uomo a quello della comunità. La sentenza Frye riguardava una primitiva versione del poligrafo (la c.d. macchina della verità) basata su un " *systolic blood pressure test*". La Corte, pur riconoscendo una zona di penombra ("*twilight zone*") in cui era difficile definire la linea di separazione tra una teoria sperimentale e una teoria scientifica, dichiarò inammissibile tale tecnica perché non aveva ancora guadagnato reputazione e riconoscimento nella comunità scientifica. Con il Frye test veniva sancita l'ammissibilità solo di *expert testimonies* fondate su conoscenze scientifiche, riconosciute in modo unanime dalla comunità degli studiosi, mentre

venivano escluse dal processo le altre. Una volta ammesse, le prove andavano valutate dal giudice del fatto.
Data la vincolatività delle "sicure conoscenze della scienza", il giudice non poteva valutare le prove assunte per questo tramite (avvalorando, cioè, una sorta di *ipse dixit* scientifico), ma doveva solamente controllare che le conclusioni dell'esperto fossero conformi al parere unanime della scienza e che i risultati fossero frutto di una corretta applicazione della teoria scientifica al caso concreto. Se più esperti avessero espresso pareri discordanti, basandosi su conoscenze scientifiche non unanimamente condivise, il giudice, lungi dal poter valutare le diverse teorie scientifiche, sarebbe stato obbligato a una decisione ispirata al principio "*in dubio pro reo*".
Tuttavia, a partire dagli anni 60 e soprattutto nel decennio successivo, il panorama in cui si muovevano le scoperte scientifiche mutò, e il *Frye test* mostrò i suoi limiti. Si prese coscienza di aver attribuito alla "comunità scientifica", e non al giudice, il potere di decidere, di fatto, la vertenza giudiziaria, dal momento che il giudice finiva con il consegnare il processo nelle mani dell'esperto tramite un rinvio recettizio, quasi automatico, alla comunità scientifica. La scienza aveva finito con il sostituire il giudice perché, essendo la scienza stessa a dire cosa fosse scientifico, una volta verificata la *general acceptance*, il giudice si sentiva libero di decidere in quello stesso senso. Il sistema si incrinò quando la scienza iniziò a evolversi rapidamente portando alla scoperta di tecniche e metodi scientifici nuovi, non ancora divenuti di patrimonio comune e diffuso, che non potevano pertanto essere valutati alla luce della *general acceptance*. Inoltre, su scoperte scientifiche nuove, non di rado poteva avere luogo un acceso dibattito tra le varie comunità scientifiche. Nel 1975 la Federal Rule of Evidence stabilì, nel tentativo di risolvere la questione, che la prova dovesse essere ammessa in base alle regole interpretative del *common law* ossia avendone valutato la rilevanza e l'efficacia, e sempre che non fosse stata esclusa da disposizioni normative. Allo stesso modo, il testimone esperto doveva essere qualificato in base ai parametri della conoscenza, dell'abilità, dell'esperienza e della formazione, potendo deporre solamente se la deposizione poteva aiutare il giudice del fatto a comprendere la prova o a ricostruire il fatto, usando elementi analoghi a quelli usati dagli altri esperti del settore e generalmente accettati. L'esperto doveva

convincere la corte che gli elementi utilizzati erano analoghi a quelli su cui gli esperti del settore facevano normalmente affidamento e che erano sufficientemente affidabili tanto da essere generalmente accettati. Questi criteri sono stati applicati nella giurisprudenza americana fino all'inizi degli anni 90.
Nel 1993 la sentenza Daubert vs. Merrel Dow Pharmaceutical Inc. della Suprema Corte Federale degli Stati Uniti rappresentò un punto di svolta in ordine alla disciplina dell'ammissione della prova scientifica e della sua valutazione. La scienza aveva fatto in quegli anni passi da gigante, pur (inevitabilmente) procedendo per tentativi ed errori facendo avvertire l'esigenza di evitare, per dirla con Iacoviello, che "la verità scientifica di oggi divenisse l'errore giudiziario scoperto domani". Dalla pronuncia Daubert si possono estrarre e individuare quattro differenti piani di problemi relativi alla prova scientifica:

- il ruolo del giudice nella sua ammissione
- enucleazione dei requisiti di ammissibilità
- criteri per stabilire l'affidabilità dei risultati
- identificazione di meccanismi processuali idonei a governare al meglio l'assunzione della prova scientifica, al fine di far recepire in modo corretto il "sapere tecnico" al processo e pervenire ad una sua valutazione ragionevole e credibile. I primi tre presupposti possono essere ricondotti alla fase dell'ammissibilità della prova, nel nostro codice di procedura penale disciplinata agli articoli 189 e 190, mentre il quarto inerisce ai criteri di giudizio appannaggio del giudice. Il giudice deve poter individuare la "buona scienza" da applicare al caso concreto, evitando che l'esperto dia una sua personale opinione svincolata dal rigore e dal metodo scientifico. Insomma, mentre il giudice ai tempi della sentenza Frye era il portiere che salutava l'auto blu della scienza che entrava nel processo, con la sentenza Daubert diventa il poliziotto del posto di blocco che controlla i documenti della scienza prima di farla passare (Iacoviello).

Il giudice stabilisce che una conoscenza è scientifica se:

- c'è controllabilità empirica della teoria
- è sottoposta alla *peer review and publications* da parte degli scienziati del settore (per *peer review* si intende quella valutazione fatta, da parte degli specialisti di un settore scientifico, degli articoli o

progetti di ricerca proposti dai membri della comunità scientifica ai fini di valutarne l'idoneità alla pubblicazione).

- può essere calcolata la percentuale (*error rate*) di errore della teoria e della sua applicazione
- c'è *widespread acceptance*

La prova scientifica deve essere frutto di regole scientifiche accettate e incontrastabili e deve basarsi sui principi scientifici o tecnologie ritenute e considerate valide nonché applicate in modo corretto al caso concreto. La rispondenza a questi criteri indica, di per sé, la verifica mediante contraddittorio (che avviene all'interno alla comunità scientifica) della teoria. In effetti è come se si fosse già avuta una *cross examination*: alla pubblicazione della teoria e del metodo seguono in genere pubblicazioni che confutano gli argomenti portati a sostegno. A queste obiezioni seguono le repliche degli autori dello studio. Questo meccanismo permette che i punti deboli della teoria e dei metodi scientifici utilizzati, se presenti, vengano enucleati e affrontati. La *peer review*, insomma, fa la "nomofilachia" della scienza, cosa che, come accade per la Cassazione, non significa che non vi siano voci discordanti.

I criteri sopra enucleati vanno verificati, negli USA, dal giudice che è il dominus dell'ammissione della prova, con il ruolo di *gatekeeper* che stabilisce cosa è ammesso e cosa no. Il giudice non conosce il contenuto della prova, ma deve sapere e conoscere l'attendibilità, astratta, del risultato processuale, ancor più quando si tratti di prova scientifica. Infatti, nel modello nord-americano i due momenti dell'ammissione e della valutazione sono affidati a persone diverse e avvengono in momenti successivi: il giudice ammette la prova, la giuria popolare la valuta.

Nel modello statunitense le conoscenze che deve possedere il giudice sono distinte da quelle della giuria popolare. Il giudice, ha ruolo di filtro per l'ammissione delle prove e deve possedere conoscenze superiori, di maggior cultura, rispetto all'uomo comune. La giuria, che negli USA è giudice del fatto, possiede il sapere comune della collettività indicata appunto "*the common experience of jurors*" rappresentando, per definizione, uno spaccato fedele della collettività americana. Dati questi presupposti, negli Stati Uniti l'esperto è di aiuto alla giuria solo quando il suo apporto non si sovrappone alla competenza funzionale della giuria, cosa che accadrebbe qualora l'esperto esprimesse una *opinion* sulla base di conoscenze di cui la giuria è portatrice. Per questo motivo la Corte deve ammette la prova mediante esperto solamente quando la giuria non potrebbe decidere senza il suo apporto.

Negli USA c'è quindi una *pretrial Daubert hearing* davanti al giudice (senza la partecipazione della giuria) dove si discute dell'ammissibilità della prova scientifica che sarà ammessa solo se i criteri del *Daubert test* sono stati superati. A ben vedere i criteri del *Daubert test* costituiscono una sorta di corrispondenza agli "indizi gravi, precisi e concordanti" che testano la validità scientifica della teoria. Per trasportare i criteri del *Daubert test* in Italia occorre apportare dei correttivi, cioè dei criteri razionali, che tengano conto del fatto che quelli che negli USA sono criteri di ammissibilità della prova, nel nostro ordinamento diventano criteri di valutazione della prova. Quindi i primi due criteri del Daubert test (testabilità e *peer review and publication*) si ricavano dal principio del contraddittorio.

Per superare il ragionevole dubbio si deve valutare la possibilità di spiegazioni alternative a quella data con il calcolo dell'*error rate* della teoria e del modello scientifico.

Come nel Nord America anche in Italia la *widespread acceptance* non si identifica con il consenso unanime della comunità scientifica, essendo la scientificità compatibile con il dissenso. La *widespread acceptance* va adeguata al nostro sistema partendo dalla constatazione che il concetto che ne è sotteso non è sinonimo, come peraltro nemmeno negli USA, di consenso unanime, sebbene in Nord America funzioni come criterio di inammissibilità.

In Italia, la *general* o *widespread acceptance* è richiesta solo nel caso in cui la prova scientifica sia l'unico o il principale indizio a carico dell'imputato, o a favore del condannato in caso di revisione. Al di fuori di questi due casi, il giudice italiano deve valutare anche una prova scientifica che sia controversa nel mondo scientifico ma che sia, nonostante questo, scientifica, quindi rispondente ai primi tre criteri del *Daubert test.*

Per la giuria popolare americana l'insidia di sviamento del giudizio, nella valutazione delle prove scientifiche, è molto maggiore che da noi che abbiamo giudici professionali. Per questo motivo, negli USA, occorre ammettere prove a "rischio minimo".

In Italia il giudice esegue entrambe le operazioni di ammissione e valutazione della prova. Gli artt. 188-190 c.p.p. sono 'selettori'molto blandi di ammissibilità, sulla scorta anche di residui del modello inquisitorio che tende a non perdere nulla della prova, rendendo pertanto il problema dell'inammissibilità un problema di valutazione della prova, come dimostrato dal fatto che i ricorsi per Cassazione avvengono ai sensi dell'art. 606 lett *e)*, non *c)*. In Italia la prova scientifica va inquadrata nel profilo degli artt. 192 e 546 c.p.p. In sintesi, nel modello italiano, il problema diventa non tanto di ammissibilità quando di peso della prova. Ad esempio, una prova scientifica parzialmente inaffidabile non può certo valere per condannare, ma potrebbe essere rilevante per assolvere nel momento in cui riuscisse ad insinuare il ragionevole dubbio.
Nel modello americano, invece, quella prova sarebbe inammissibile e da subito eliminata perché la più grande paura delle Corti Americane consiste nell'ammettere prove che possano confondere o travisare la giuria popolare.
Nel nostro ordinamento lo scoglio dell'ammissibilità della nuova prova scientifica non è difficile da superare. È sufficiente che la prova atipica non incida sulla libertà morale della persona e sia idonea ad assicurare l'accertamento dei fatti. Nel nostro codice di procedura penale sebbene l'art. 189 imponga al giudice di valutare, ai fini dell'ammissibilità, criteri assimilabili a quelli della sentenza Daubert, manca tuttavia una norma analoga all'art. 403 delle *Federal Evidence Rules*, che impone al giudice di non ammettere la prova se il suo peso probatorio è superato dal pericolo di recare pregiudizio ad una parte, di confondere la giuria o risolversi in una perdita di tempo
Riassumendo, nel nostro ordinamento la prova scientifica (atipica) deve:
a) non essere vietata, non manifestamente superflua o irrilevante
b) essere idonea ad assicurare l'accertamento dei fatti, cioè capace di intervenire sul fatto concreto con una specifica forza epistemica che fornisca una spiegazione scientifica dei fatti oggetto della sua applicazione
c) non compromettere la libertà morale della persona.
Il giudice italiano deve avere chiaro un concetto fondamentale: che è la scienza stessa a definire cosa sia scienza e cosa no, ma è solo il giudice a decidere cosa può entrare nel processo e cosa no. I criteri di

ammissibilità e di valutazione devono essere ricercati nelle leggi processuali al fine di evitare gli errori giudiziari. Al giudice italiano interessa che la teoria scientifica sia accreditata dalla e nella comunità scientifica e che abbia un bassissimo indice di errore, che siano identificati e snidati i falsi positivi (che farebbero accusare un innocente) e i falsi negativi (che farebbero scagionare un colpevole).
Il problema del rapporto tra processo penale e prova scientifica sta nella corretta definizione di "scienza" e nella corretta applicazione dei criteri giuridico-processuali stabiliti in tema di formazione della prova e di interpretazione dei risultati ottenuti da parte del giudice.
Anche le parti devono adeguarsi a questa lettura delle norme e saperle volgere a proprio favore. Sarà quindi loro onere convincere il giudice, che ha ruolo di *gatekeeper*, della necessità di ammettere la prova scientifica che sia idonea ad assicurare l'accertamento dei fatti attraverso l'utilizzo di conoscenze tecniche o scientifiche, che non pregiudichino la libertà morale del teste e che siano riconosciute nei fondamenti epistemologici e nella modalità di applicazione dalla comunità scientifica come validi, al fine di permettere al giudice di ricostruire correttamente il fatto.
La ragione sta nel fatto che non solo la junk science, ma anche la buona scienza, può essere una pericolosa fonte di errori, e anche all'interno della buona scienza, il metodo di acquisizione della prova ne determina l'attendibilità.

3. La valutazione della prova scientifica

La valutazione della prova scientifica prevede un primo stadio di valutazione dell'attendibilità del singolo elemento di prova in relazione all'idoneità probatoria dello strumento tecnico scientifico e poi una valutazione complessiva di tutte le prove. La valutazione dell'attendibilità della prova richiede un vaglio logico maggiore di quanto era accaduto in fase di ammissione. In quella fase, infatti, il giudizio era espresso allo stato degli atti, in chiave di non manifesta inidoneità all'accertamento del fatto, e come valutazione preliminare.
In fase di valutazione, invece, il giudice ha un bagaglio di conoscenze tale per cui la prova, con la sua assunzione, ha impresso una evoluzione risolutiva, resa possibile anche dal confronto tra consulenti tecnici e periti nel contraddittorio "per la prova" e "sulla prova" nel dibattimento.

Per quanto attiene alla prova scientifica il sistema basato sul libero convincimento del giudice con obbligo di motivazione "pretende la trasparenza e la comunicabilità intersoggettiva della trama giustificativa delle 'ragioni'e della "logica" della decisione in fatto"[106] ed appare il più idoneo a scongiurare che gli apporti scientifici in seno al processo assumano, quasi automaticamente, una valenza risolutiva, incontrovertibile oppure assumano un ruolo ingiustificatamente marginale, a causa, magari, della diffidenza da parte del magistrato nei confronti di talune discipline o, più in generale, di determinate aree del sapere[107].

Rispetto alle leggi scientifiche, il giudice è un "consumatore" e non un "produttore", non essendogli concesso di sostituirsi allo "scienziato" nella loro formulazione[108].

Per Rivello, appare inesatta l'affermazione in base alla quale il giudice, chiamato, ad esempio, a valutare una prova scientifica, all'esito del contraddittorio delle parti, mentre non potrebbe mai raggiungere la sicurezza circa l'attendibilità di una prova, otterrebbe invece l'assoluta sicurezza della sua inattendibilità qualora in sede di controesame fosse emerso qualche vizio inficiante la metodologia accolta dall'esperto. Non necessariamente, infatti, una simile evenienza dovrebbe condurre a far ritenere inaccettabili le conclusioni raggiunte, nel loro complesso[109].

Anche in ambito giuridico occorre tenere presente il fatto che la "falsificazione" potrebbe a sua volta essere falsificata[110]. Un metodo logico per valutare la prova scientifica deve innanzitutto distinguere

- la teoria
- il metodo
- l'applicazione pratica.

---

106 CANZIO, Prova scientifica, ragionamento probatorio e libero convincimento del giudice nel processo penale, in "Dir. pen. proc.", 2003, p. 1995

107 RIVELLO, La prova scientifica, p. 10

108 FERRUA, Contraddittorio e verità nel processo penale, Torino, 1993, p. 54

109 RIVELLO, La prova scientifica cit., p. 33

110 RIVELLO, La prova scientifica cit., p. 34

Possono, infatti, esistere (buone) teorie che non hanno ancora sviluppato un metodo, come accade ad esempio nel campo della medicina quando teorie affermate non si sono ancora tradotte in terapie. Il giudice deve considerare ed evitare tre tipi di errori (che lo porterebbero nell'alveo del vizio di motivazione):
- errori nella teoria
- errori nel metodo
- errori nell'applicazione pratica

I primi due errori riguardano la scientificità della teoria e del metodo, il terzo la loro applicazione pratica nel caso concreto. Il giudice deve accertare che teoria e metodo abbiano un elevato grado di credibilità razionale e dignità scientifica, controllandone l'affidabilità in modo attivo, e senza alcun atteggiamento di sottomissione al generale giudizio della comunità scientifica. In questa fase lo standard da applicare alla teoria scientifica non è quello dell'"*al di là del ragionevole dubbio*", perché il superamento di questo deriva dalla valutazione complessiva di tutte le prove e non si applica quindi alla singola prova. La prova della scientificità della teoria può essere dispensata nel caso di teorie e metodi diffusi da tempo, perché in tale evenienza si può parlare di *judical notice* cioè del notorio. È interessante evidenziare che, dal punto di vista processuale, è proprio la *general acceptance* a conferire alla teoria il carattere del notorio che, in quanto tale, non va provato, per quanto nel campo delle scienze, il notorio non è qualcosa di fissato e immutabile nel tempo.
Negli Stati Uniti ad esempio, a seguito della sentenza Daubert sono stati messi in discussione metodi che godevano della *general acceptance*. La *general acceptance* è uno dei criteri del *Daubert test* ma non si identifica in esso.
Altra operazione che il giudice deve compiere, qualora si trovi davanti una teoria a base probabilistica, è l'accertamento della frequenza statistica prevista dalla stesa teoria, dal momento che un *error rate* troppo alto o sconosciuto renderebbe la teoria inutile perché inattendibile. Si ammette, infatti, che il giudice possa far uso di leggi probabilistiche laddove non disponga di leggi di tipo universale, dal momento che la prova statistica altro non è che un particolare tipo di prova logica.
In ogni caso, per evitare risultati paradossali, nessuna condanna potrà mai essere basata unicamente su una prova statistica. È da evidenziare

che anche per la difesa la prova statistica non potrebbe essere l'unica sulla quale fondare una sentenza di proscioglimento. La prova statistica può diventare un indizio da utilizzare e valutare insieme a tutti gli altri indizi. Nei sistemi anglosassoni la prova statistica è, per le ragioni già enunciate, guardata con molto scetticismo (se non con vero e proprio sospetto) per il timore che la giuria popolare possa fraintenderla.

Terminati gli accertamenti sulla scientificità della teoria e del metodo utilizzati, il giudice deve ricavare dall'esperto due elementi:

- i dati sui possibili errori insiti nella tecnica applicativa della procedura
- le metodiche per rilevarli

Questo è, infatti, il compito dell'esperto: illustrare al giudice pregi, limiti e margini di errore della teoria scientifica che il giudice ha (già) valutato avere dignità scientifica. In ottemperanza al principio dispositivo, la dimostrazione della scientificità della teoria, del metodo e della correttezza dell'applicazione pratica deve essere data dalla parte che intende produrre in dibattimento la prova.

Il giudice deve, da ultimo, inserire la prova scientifica nel contesto delle altre prove e valutare se l'insieme probatorio fa emergere una coerente ricostruzione del caso, cioè una ricostruzione razionale degli eventi, tale da superare, questa volta si, la soglia del ragionevole dubbio. Il percorso logico, che il giudice segue nel valutare la prova scientifica, si deve riflettere nella struttura argomentativa della motivazione. È fondamentale per il giudice motivare in merito al metodo applicato al caso concreto, tenendo presente che una motivazione *per relationem* appiattita sulle risultanze peritali può scotomizzare ingiustamente il problema perché, di fatto, costituirebbe una indebita delega all'esperto di una competenza che è di esclusiva competenza del giudice.

La verifica del fatto che lo strumento scientifico-tecnico è stato usato in modo corretto va esercitata su due livelli: il primo concerne i dati fattuali usati dall'esperto come base storica su cui applicare le regole scientifiche e ricavarne la ricostruzione processuale del fatto, il secondo mira ad accertare se il principio o il metodo scientifico è stato applicato correttamente nel caso concreto, in relazione all'oggetto di prova e ai dati fattuali assunti.

Nel caso di conflitto di teorie si evidenzia il diverso modo di ragionare dello scienziato e del giudice. Mentre lo scienziato sceglie da subito quale teoria seguire, e questa scelta comporta l'abbandono dell'altra, il giudice deve sempre tenere conto delle ipotesi alternative a quelle prospettate e inserirle nel contesto probatorio. Quindi, mentre *l'expert witness* sceglie all'inizio, il giudice sceglie (solo) alla fine, e di questo deve dar conto in motivazione.

Il giudice non può esprimersi sulla *peer review* di una teoria perché non ha gli strumenti per entrare nel dibattito scientifico, non essendo scienziato. Tuttavia, non solo può, ma deve, valutare in modo rigoroso come sono stati compiuti i protocolli operativi, alla luce dell'*error rate* così come prospettato dagli esperti. Si può identificare allora il giudice non più con l'anacronistica definizione di *peritus peritorum* ma di *iudex peritorum* dal momento che il giudice, rispetto alle teorie scientifiche che entrano nel processo, deve appunto giudicare.

4. La decisione

Il passaggio dalla valutazione della prova alla decisione prevede che si distingua il principio del "libero convincimento" dalla decisione. Il libero convincimento è un metodo di valutazione probatoria che tuttavia non sottintende una libertà assoluta per il giudice, ma, al contrario, il rispetto di regole che appartengono alla razionalità e alla ragionevolezza.

Il giudice esercita il suo libero convincimento utilizzando due ordini di regole:

1) regole dettate dalle leggi del pensiero, dalla cultura scientifica tecnica e dall'esperienza che fanno nascere un vincolo giuridico di razionalità. La legge infatti pretende giudizi razionali sulle prove che vanno esplicitati in motivazione, sindacabili nel giudizio di appello e di legittimità se non corrette.

2) regole dettate dalla legge per particolari situazioni probatorie che, lungi dall'istituire prove legali, costituiscono criteri per ragionamenti inferenziali, analogamente a quanto accade per la prova indiziaria.

Delineato questo perimetro, il libero convincimento rimane disciplinato entro la legalità probatoria e la sua dimensione razionale è data dalle regole della logica e della scienza. Il libero convincimento non può, per sua natura, rimanere "incastrato" entro paletti posti da

una qualsiasi prova legale. Il libero convincimento deve, tuttavia, rispettare un metodo legale di prova, cioè una successione logicamente ordinata di operazioni mentali, o degenererebbe in mero arbitrio. Il superamento del ragionevole dubbio sarà quindi possibile quando si avrà una convinzione incrollabile della verità dell'accusa.
Il dubbio, ragionevole appunto, per essere la chiave in grado di aprire la porta a un giudizio di proscioglimento, non va infatti inteso come mero dubbio, bensì come quell'elemento che facendosi strada nella mente del giudice, gli impedisce di decidere per la condanna. Tale dubbio può essere instillato anche da una prova insufficiente perché, proprio per questo, non integra lo standard probatorio per la sentenza di condanna.
Il regime giuridico della decisione appena descritto va applicato anche quando le prove sono scientifiche perché, archiviato il *Frye test* dati i limiti già illustrati, si rifiuta una oggettiva e insindacabile certezza della scienza e della tecnologia.
Nella prassi giudiziaria, quando si utilizza una prova scientifica sia comune che nuova, i pareri degli esperti sono praticamente sempre contrastanti. È, quindi, necessario che sia il giudice a fare una valutazione giudiziale che operi un controllo critico della prova scientifica. I problemi posti dalla prova scientifica possono essere superati solo con un rifiuto normativo della vincolatività delle asserzioni degli esperti, lasciando come regola cardine il libero convincimento del giudice in un contesto di regole legali di decisioni.
Il libero convincimento, quindi, non vincola alle conclusioni dell'esperto. Tali conclusioni sono valutate dal giudice alla stregua di tutte le altre prove, sulla base di indici che ne garantiscano la razionalità e la ragionevolezza.

5. La valutazione della perizia, quale strumento che veicola prove scientifiche, e il contrasto tra esperti

Nei processi penali per colpa medica il ruolo degli esperti (periti nominati dal giudice e consulenti tecnici) è fondamentale, dato che la prova è sempre di tipo scientifico.
Come si vedrà a breve, quanto enunciato nel dibattito statunitense si ritrova, pienamente, anche nella applicazione giurisprudenziale italiana. Infatti, il riconoscimento del sapere scientifico esterno non esime il giudice di merito dal controllare l'operato del perito quanto a:

a) correttezza scientifica dei principi e dei metodi utilizzati, b) puntualità ed esattezza dell'applicazione dei principi al caso di specie. Il giudice farà, pertanto, le proprie valutazioni secondo un vaglio che investe anche la congruità e la consequenzialità delle cadenze e dei passaggi così come argomentati nell'elaborato peritale. Quando prescеglie una tesi scientifica il giudice deve motivare le ragioni per le quali la preferisce ad altre, pur sottoposte alla sua attenzione. Sarà quindi nella motivazione che si rinverranno i motivi della sua decisione.

Il giudice può scegliere, tra le varie tesi prospettate dai periti e dai consulenti di parte, quella che maggiormente ritiene condivisibile, illustrando le ragioni della scelta operata (anche in rapporto alle altre prospettazioni che ha ritenuto di disattendere) in modo accurato attraverso un percorso logico e congruo che il giudice di legittimità non può sindacare nel merito[111].

Il giudice di merito, in tema di valutazione delle risultanze peritali, può fare legittimamente propria, allorché gli sia richiesta dalla natura della questione, l'una piuttosto che l'altra tesi scientifica, purché dia congrua ragione della scelta e dimostri di essersi soffermato sulla tesi che ha creduto di non dover seguire[112].

In sede di legittimità verrà pertanto valutata l'intrinseca attendibilità logica dei presupposti, dei principi, delle massime di esperienza, della congruenza tra le premesse fattuali e le conclusioni che ne vengono tratte.

Nell'ipotesi di tesi scientifiche non ancora collaudate, cioè quando le conclusioni raggiunte da un'indagine peritale discendono dall'applicazione di metodi di indagine nuovi e sperimentali, e perciò non sottoposti al vaglio di una pluralità di casi e dal confronto critico tra gli esperti del settore, il giudice ha in ogni caso l'onere di verificare la validità scientifica dei criteri e dei metodi di indagine utilizzati, e di valutarne la capacità di fornire un concreto apporto alla ricerca della verità processuale[113].

---

111 Cass. pen., sez. IV, 24 ottobre 2007, n. 46359, in "Ced Cassazione penale", 2008

112 Cass. pen., sez IV, 5 giugno 1997, n. 11235, in "Cass. pen.", 1999, 628

113 Cass. pen., 11 agosto 1997, rv. 208464

Infine, nell'ipotesi di contrasto tra esperti, ovvero tra le risultanze della perizia e quella della consulenza tecnica di parte, il giudice ha libertà di optare per le conclusioni che ritiene corrette, purché in motivazione dia conto delle ragioni di ordine tecnico, scientifico, fattuale, poste a base della scelta[114].
Il giudice non deve, infatti, ostinarsi alla ricerca della unanimità scientifica, mediante ulteriori perizie magari collegiali, ma deve esercitare il potere-dovere di scelta privilegiando e facendo propria la tesi peritale ritenuta più convincente e accettabile; la non arbitrarietà dell'opzione è garantita dall'obbligo di dare motivazione logica e congrua della scelta compiuta[115].
Questo principio è particolarmente rilevante sul piano probatorio: significa che le consulenze contrastanti, così come le dichiarazioni testimoniali contrastanti, non devono obbligatoriamente portare alla soluzione processuale di contraddittorietà della prova, determinante in via automatica la pronuncia di assoluzione ex art. 530, comma 2 c.p.p., dal momento che il giudice conserva la facoltà di esercitare un'opzione ragionata e motivata per una delle due tesi.
Nei casi di perizia con contenuto altamente valutativo, è comunque importante che la motivazione della decisione giurisdizionale non avvenga banalmente *per relationem*, attraverso un mero richiamo acritico alla conclusione peritale, ma che dia conto della fondatezza ed accettabilità delle valutazioni peritali.
Nel caso di insanabile contrasto tra le prospettazioni dei consulenti delle parti, il giudice non può operare arbitrariamente una scelta, dando valore determinante ai titoli accademici o attribuendo maggiore affidabilità alla consulenza del pubblico ministero[116].
Il contrasto può essere presente anche nel confronto della prova scientifica con l'esame del testimone. L'indagine sul "peso" della prova scientifica assume un carattere particolare laddove, come spesso avviene, si sia in presenza di elementi probatori tra loro confliggenti[117]. Ad esempio si pensi al caso di una serie di rilevazioni

---

[114] Cass. pen., 21 giugno 2001, rv. 187652

[115] Cass. pen., sez. IV, 5 giugno 1997, n. 11235, in "Cass. pen.", 1999, 249

[116] Corte Assise Appello Roma, 27 aprile 2014, in "Cassazione penale", 2013, 4, 1606.

[117] RIVELLO, La prova scientifica cit., p. 65

scientifiche volte a condurre ad esiti totalmente antitetici, per quanto concerne la ricostruzione del fatto, rispetto a quelli ricavati da una determinata dichiarazione testimoniale.
Sarebbe scorretto affermare, a priori, che in questo caso la prova scientifica "annulla", automaticamente e senza eccezioni, la valenza della prova dichiarativa; al contrario il giudice deve prendere in esame anche quest'ultima, in quanto "la scienza e la tecnica (...) non sono in grado di accreditare esiti di assoluta validità, tali cioè da resistere a qualsivoglia smentita che, secondo la logica e l'esperienza, possano subire da giudizi da giudizi suffragati da altri materiali probatori"[118].
Secondo Taruffo [119] tutte le prove, anche quelle confliggenti o contraddittorie, esistono e quindi sono oggetto di valutazione sotto il profilo del rapporto inferenziale che esse hanno con l'ipotesi del fatto.
Tuttavia, nelle ipotesi in cui debba riconoscersi alla prova scientifica un "peso" molto significativo, stante la sua alta od altissima credibilità, di fronte ad un eventuale contrasto il giudice potrà legittimamente disattendere la versione fornita dal teste, attribuendo ad errori sensoriali, alla cattiva memoria, o ad altre analoghe spiegazioni la divergenza fra le sue dichiarazioni e le conclusioni derivanti dalla prova scientifica[120].

---

[118] DOMINIONI, La prova penale scientifica cit., p. 326-327

[119] TARUFFO, La prova dei fatti giuridici, Giuffrè, 1992, p. 262, nota 126

[120] RIVELLO, La prova scientifica cit., p. 65

CAPITOLO 5 – LA PROVA SCIENTIFICA: CONSULENZA TECNICA E PERIZIA

1. La perizia, la consulenza tecnica e loro valutazione

Nei processi per colpa medica accade molto spesso che il giudice debba integrare, in vista della decisione, le proprie cognizioni, che inevitabilmente non possono ricomprendere settori di conoscenza peculiari come quello medico, con quelle di un esperto. Nel processo penale in generale, la perizia è un mezzo di prova, disposta con ordinanza motivata dal giudice, al fine svolgere indagini, o acquisire dati o valutazioni che richiedono particolari competenze tecniche, scientifiche o artistiche (art. 220 c.p.p.). Infatti, secondo il principio *iura novit curia* il giudice deve risolvere ogni questione giuridico-interpretativa, mentre deve avvalersi di un esperto per risolvere questioni extragiuridiche, non potendo all'uopo utilizzare una sua (eventuale) scienza privata. La perizia adempie, dunque, a tre funzioni principali[121]:

1) svolgere indagini per acquisire dati probatori,
2) acquisire gli stessi dati selezionandoli e interpretandoli,
3) effettuare valutazioni sui dati già acquisiti

Secondo una (seppur datata) definizione della Suprema Corte di Cassazione "la perizia non è tanto una prova, quanto un elemento di essa, nel senso che l'attività del perito ha la funzione di apprestare al giudice le cognizioni tecniche che questi non può avere e che

121 Tonini, Diritto Processuale Penale, Giuffrè, 2013:

normalmente non ha (...). Il perito porta il contributo di un parere tecnico motivato e quindi esposto in forma dialettica su dati ed elementi già acquisiti al processo"[122].

Cordero individua tre possibili modelli di perizia: "il perito rileva dei fatti, usando tecniche operative specialistiche (...); oppure espone massime di esperienza, eventualmente elaborando teoremi su premesse ipotetiche, anziché empiricamente verificate; nell'eventualità più frequente combina la rilevazione dei dati alle massime, formulando conclusioni induttive"[123].

La perizia, come si vedrà, non è il solo mezzo di prova che permette di raggiungere le finalità indicate dall'art. 220 c.p.p. È prevista anche la consulenza tecnica di parte che può essere disposta o dentro (art. 225 c.p.p.) oppure "fuori dei casi di perizia" (art. 233 c.p.p.). Infatti, sia il pubblico ministero (artt. 359 e 360 c.p.p) sia le parti private (artt. 327 *bis*, co. 3 e 391 *decies*, co.3) possono avvalersi dell'opera di esperti sin dalla fase delle indagini preliminari al fine di raccogliere elementi di prova. Sia il perito che i consulenti tecnici possono apportare conoscenze tecniche e scientifiche tali da convincere il giudice. Entrambe le figure sono di cruciale importanza nel processo penale perché l'accuratezza e la scientificità delle loro argomentazioni saranno usate dal giudice per la decisione giurisdizionale. Il giudice ben può decidere anche usando solamente gli elementi che sono stati forniti dai consulenti tecnici, senza disporre una perizia.

I consulenti tecnici possono essere esaminati in dibattimento (art. 501 c.p.p.) o essere sentiti dal giudice nell'udienza preliminare (art. 422 c.p.p). Questa interpretazione è condivisa anche dalla Consulta: sebbene il codice non ricomprenda espressamente i consulenti tecnici tra i mezzi di prova, secondo la Corte Costituzionale (sentenza n. 33 del 1999) anche tali esperti possono fornire elementi utili per la decisione fino a rendere superflua la nomina di un perito.

In generale, la perizia è disposta a richiesta di parte in applicazione del principio dispositivo, tuttavia può essere disposta anche d'ufficio in dibattimento (art. 224 co.1 c.p.p.) qualora il giudice ne avverta la necessità. La perizia può essere anticipata nel corso delle indagini preliminari nella sola forma dell'incidente probatorio, quindi a

---

[122] Cass. SS.UU., 3 luglio 1971, Rep., 1973, 7172

[123] CORDERO, Procedura penale, Milano 2003, p. 785

richiesta del pubblico ministero e/o dell'indagato; in tal caso è disposta dal giudice per le indagini preliminari nelle ipotesi previste dall'articolo 392 c.p.p., o quando sia necessario un accertamento tecnico irripetibile che determini esso stesso modificazioni delle cose e delle persone tali da rendere l'atto non ripetibile (per esempio l'autopsia, ex art. 116 disp. att. c.p.p.).

La nomina del perito è disciplinata dall'art. 121 c.p.p. Il giudice deve scegliere il perito ai sensi dell'art. 121 co. 1 c.p.p. individuandolo tra le persone iscritte in appositi albi o, eccezionalmente e motivando le ragioni della scelta, al di fuori di questi purché la scelta sia orientata in base alla accertata competenza del tecnico nella disciplina interessata.

Il legislatore delegato ha cercato di rispettare le indicazioni contenute nell'art. 2 n. 10 legge-delega c.p.p., volte ad imporre la "massima competenza tecnica e scientifica dei periti", discostandosi dall'impostazione accolta dal codice di procedura penale del 1930, che non contemplava un apposito albo, ed in base alla quale il giudice poteva scegliere gli esperti, del tutto discrezionalmente, tra le persone reputate "idonee". L'art. 314 del codice abrogato si limitava, infatti, ad affermare che la nomina doveva appuntarsi, preferibilmente, su chi avesse conseguito la qualifica di "specialista". Addirittura precedentemente all'elaborazione del codice di procedura penale del 1913, era stata caldeggiata l'introduzione di un albo ufficiale dei periti, entro il quale il giudice avrebbe dovuto operare la nomina; tale proposta all'epoca non ebbe peraltro seguito, essendosi temuto che sarebbe stato difficoltoso individuare dei validi criteri di selezione dei soggetti da inserire nell'albo e che i migliori specialisti nei diversi settori non avrebbero avuto sufficienti incentivi per chiedere di esservi ammessi. Occorre rilevare che il magistrato, anziché limitarsi ad accertare l'inserimento del nominativo dell'esperto nell'ambito del relativo albo, dovrebbe svolgere un'analisi assai più approfondita, verificando (il che peraltro viene assai raramente) che l'esperienza pratica, l'aggiornamento professionale e le eventuali pubblicazioni redatte garantiscano la competenza e l'idoneità all'espletamento dell'incarico peritale[124].

---

124 RIVELLO, La prova scientifica cit., 2014, p. 262 ss.

Il requisito fondamentale e imprescindibile nella scelta del perito deve infatti consistere nella sua speciale ed accertata competenza tecnica [125]. Solo le persone fornite di speciale competenza nella materia, secondo il disposto dell'art. 69 co. 1 norme att. c.p.p., possono quindi ottenere l'iscrizione nell'albo; per comprovare tale dato la relativa domanda, diretta al presidente del tribunale, deve essere accompagnata anche dei titoli e dalla documentazione attestante il possesso, da parte del richiedente, dei necessari requisiti. Si ritiene che la tenuta di un albo permetta un controllo più oggettivo e svincolato da criteri preferenziali, per quanto il giudice e il perito siano legati da un rapporto assolutamente fiduciario.

La nomina fuori albo prevede l'obbligo per il giudice di dare congrua motivazione dei criteri che hanno guidato la valutazione, a pena di una nullità relativa del provvedimento di nomina ex art. 181 c.p.p, che si ricava dal combinato disposto degli artt. 125 co 3 c.p.p e 67 co. 4 disp. att. e coord.[126].

Questa nullità relativa è sanabile come le nullità intermedie, va proposta entro i termini perentori dell'art. 182 co. 3 c.p.p. ed è dichiarata dal giudice solo su eccezione della parte.

In giurisprudenza è stato precisato che la nomina di un esperto non iscritto nell'albo non giustifica un giudizio aprioristico di inattendibilità o di minor credibilità della relazione peritale redatta[127].

L'albo dei periti, permette un controllo sui requisiti dei professionisti che intendono esservi iscritti. Detto controllo non è limitato alla fase dell'ammissione, ma viene rinnovato a scadenze periodiche, secondo le modalità delineate dagli artt. 68 e 69 norme att. c.p.p., essendo in particolare prevista un'obbligatoria revisione biennale, al fine di provvedere, tra l'altro, all'eventuale cancellazione dei soggetti per i quali siano venuti meno i requisiti previsti o sia insorto un impedimento ad esercitare l'ufficio di perito.

Competente alla formazione ed alla revisione dell'albo dei periti è un apposito comitato presieduto, ai sensi dell'art. 68 norme att. c.p.p., dal presidente del locale tribunale, e composto dal procuratore della

---

[125] Cass. pen., 19 gennaio 2006, rv. n. 233192

[126] Cass. pen., 14 luglio 2000, rv. 216935

[127] Cass. Sez III., 23 novembre 2005, Pellegri, in "Cass. pen.", 2007, p. 2572, m. 721

Repubblica presso il tribunale, dal presidente del consiglio dell'ordine forense, nonché, di volta in volta, dal presidente dell'ordine o del collegio a cui appartiene l'esperto in relazione al quale si deve provvedere. Tale organo delibera maggioranza dei votanti; in caso di parità prevale il voto del presidente. Al comitato è affidata non solo il compito di decidere sulle richieste di iscrizione ma anche quello di provvedere alla revisione dell'albo e di irrogare le sanzioni previste dall'art. 70 norme att. c.p.p. Agli iscritti all'albo dei periti che non abbiano adempiuto agli obblighi derivanti dal conferimento dell'incarico (ad esempio in caso di mancato rispetto del termine concesso per rispondere ai quesiti) sono applicabili, su segnalazione del giudice procedente, le sanzioni dell'avvertimento, della sospensione dall'albo per un periodo non superiore ad un anno, o della cancellazione.
Il perito ha l'obbligo di prestare il suo ufficio (art. 221 c.p.p.) salvo che sussista un motivo di astensione (art. 223 c.p.p.) che va dallo stesso obbligatoriamente dichiarato. L'autorità giudiziaria precedente è, pertanto, autorizzata ad avvalersi anche di poteri di coercizione personale per ottenere la presenza dell'esperto, in virtù dell'art. 133 c.p.p.

2. Incapacità, incompatibilità e ricusazione del perito

Il codice di rito prevede situazioni di incapacità e incompatibilità del perito (art. 222 c.p.p.), a pena di nullità, simili (ma non identiche) a quelle previste per il giudice, in quanto il legislatore richiede che anche il perito sia terzo e imparziale data la delicata funzione che deve svolgere. Il codice identifica in negativo i requisiti di capacità e incompatibilità richiesti per poter assumere la veste di perito, prevedendo un elenco tassativo di situazioni ostative. In particolare, uno dei motivi di incompatibilità del perito è l'essere stato citato come testimone, per aver conosciuto fatti oggetto di prova prima dell'assunzione dell'incarico ex art. 222, co. 1 lett *d)*. È incompatibile con l'ufficio di perito anche colui che, nell'ambito dello stesso procedimento, sia stato nominato consulente tecnico, sempre che abbia effettivamente esercitato l'incarico[128].

---

[128] Cass. pen., 3 novembre 2010, rv. n. 248666

Per la dottrina maggioritaria le cause di incapacità e incompatibilità sono idonee a incidere sull'attendibilità del responso peritale.
Anche le nullità previste dall'art. 222 c.p.p sono relative e vanno pertanto eccepite, a pena di decadenza, nei termini stabiliti dall'art. 182 co. 2 c.p.p[129]; ne deriva che deve ritenersi tardiva la nullità eccepita con l'impugnazione della sentenza di primo grado[130]. Resta tuttavia fermo il principio che, qualora la nullità prevista dall'art. 222 co.1 non venga tempestivamente sollevata, il giudice può comunque non tenere in conto la risultanza peritale, perché potenzialmente inattendibile, potendo pertanto disporre, se ritenuto necessario, una nuova perizia. L'espletamento di una perizia dichiarata nulla, non costituisce causa di incompatibilità del perito ai fini del conferimento di un nuovo incarico nel medesimo procedimento penale, in quanto al perito si applicano le cause di incompatibilità previsti dall'art. 222 c.p.p. e non quelle previste per il giudice dall'art. 34 c.p.p., con la conseguenza che tale circostanza non costituisce motivo di ricusazione[131].
Il perito, come visto, non solo deve astenersi, quando ne sussistano i motivi, ma può anche essere ricusato dalla parte (art. 223 c.p.p.). Una volta accolta la dichiarazione di ricusazione il perito non può più compiere alcuna operazione. La sussistenza di un motivo di incompatibilità del perito non si traduce in una causa di nullità degli atti compiuti, ma dà solo titolo alla presentazione di una istanza di ricusazione[132]. In caso di concorso tra astensione e ricusazione, in base al principio fissato dall'art. 39 c.p.p. prevale l'astensione. La dichiarazione di astensione o di ricusazione va presentata al giudice che ha disposto la perizia. Lo stesso decide sull'istanza con ordinanza fino a che non siano esaurite le formalità di conferimento dell'incarico.

---

[129] Cass. pen., 19 novembre 2009, rv. n. 245266

[130] Cass. pen., 9 maggio 1992, rv. n. 190296; id Cass. pen., 10 maggio 1994, rv. n. 198646

[131] Corte Cost., 14 luglio 1982, n. 135; Cass. pen., 27 febbraio 2003, rv. n. 223659

[132] Cass. pen., 27 gennaio 1996, rv. n. 203490; Cass. sez I, 13 luglio 2007, Nunnari, in Cass. pen., 2008, p. 3782, m. 1221

Qualora si tratti di motivi sopravvenuti, o conosciuti successivamente, la dichiarazione va presentata, in ogni caso, prima che il perito abbia dato il proprio parere. Queste preclusioni temporali per presentare l'istanza sono da osservarsi a pena di inammissibilità. In particolare si è precisato che il parere deve considerarsi dato fin dal momento del deposito della relazione peritale e non con l'esame del perito ex art. 511 comma 3 c.p.p.[133]. La ratio della norma si ravvisa nella necessità di evitare che la dichiarazione di ricusazione possa essere influenzata (se non del tutto motivata) dal parere espresso dal perito stesso[134]. Il procedimento incidentale di ricusazione è strutturato secondo le modalità e la tempistica previste per il procedimento di ricusazione del giudice. La legittimazione attiva spetta al pubblico ministero e alle parti private. La prevalente giurisprudenza di legittimità esclude che il difensore possa avere una autonoma legittimazione alla ricusazione. È pertanto richiesto al difensore il rilascio di apposito mandato della parte privata, anche se non necessariamente nelle forme della procura speciale. La dichiarazione di ricusazione ha carattere rigorosamente formale pertanto richiede, a pena di inammissibilità, determinati requisiti di forma e contenuto: deve contenere l'indicazione sia dei motivi che delle prove di quanto dichiarato ed essere corredata dai documenti sui quali si fonda.
Competente per il procedimento incidentale di ricusazione è lo stesso giudice che ha disposto la perizia. La decisione avviene con ordinanza a seguito di procedimento camerale ex art. 127 c.p.p.[135]. L'eventuale provvedimento di inammissibilità è ricorribile in Cassazione ex art. 41 co. 1 c.p.p.
È stato chiarito dalla Suprema Corte che l'esistenza di un rapporto di collaborazione scientifica, nell'ambito dello stesso dipartimento universitario, tra il perito nominato dal giudice consulente di parte, non costituisce un valido motivo di ricusazione del perito, non rientrando in alcuna delle ipotesi previste dall'art. 37 co. 1 lett *a*) e *b*) c.p.p[136].

---

[133] Cass. pen., 3 ottobre 2003, rv. n. 2266178
[134] Cass. pen., 22 febbraio 2005, rv. n. 230958
[135] Cass. pen., 23 febbraio 2010, rv. n. 246696
[136] Cass. pen., 16 aprile 2004 rv. n. 228171

Come visto, il giudice dispone la perizia con ordinanza motivata, anche d'ufficio (art. 224 c.p.p.). L'ordinanza contiene la nomina del perito, la sommaria enunciazione dell'oggetto delle indagini, l'indicazione del giorno, dell'ora e del luogo fissati per la comparizione del perito. L'ordinanza dibattimentale che dispone la perizia, come quella che rigetta la relativa richiesta, non è impugnabile autonomamente, bensì soltanto unitamente alla sentenza (artt. 586 e 568 c.p.p.). L'ordinanza, come ogni altro provvedimento che decide in ordine all'ammissione delle prove, è revocabile dal giudice d'ufficio oppure su eccezione proposta dalle parti sentite in contraddittorio.
Il perito deve presentarsi all'udienza di conferimento dell'incarico e impegnarsi ad adempiere al proprio ufficio secondo verità (art. 226 co. 1 c.p.p.) e con la massima diligenza, esprimendo il proprio parere in modo imparziale e perfettamente aderente alla verità tanto che l'art. 373 c.p. punisce con la reclusione da due a sei anni la falsa perizia, cioè l'espletamento dell'incarico peritale in modo infedele, con pareri mendaci o non conformi al vero.
Il giudice avverte il perito degli obblighi e delle responsabilità previste dalla legge penale e lo invita a rendere la seguente dichiarazione: "*consapevole della responsabilità morale e giuridica che assumo nello svolgimento dell'incarico, mi impegno ad adempiere al mio ufficio senza altro scopo che quello di far conoscere la verità e a mantenere il segreto su tutte le operazioni peritali*". Detta formula, che il perito è tenuto a leggere, ha sostituito il "giuramento" previsto dal codice previgente fino alla declaratoria di parziale illegittimità costituzionale dell'art. 316 co. 2 c.p.p. 1930, all'opera della pronuncia n. 117 del 1979[137] della Consulta. La mancata lettura da parte del perito della formula di impegno è ritenuta essere una mera irregolarità, non essendo stata stabilita espressamente alcuna diversa sanzione, a differenza di quanto accade va sotto la vigenza del codice abrogato[138]. Secondo Altri l'omissione della lettura della formula è causa di nullità relativa degli atti successivamente compiuti, dovendosi parificare alla

[137] Corte Cost., sent 10 ottobre 1979 n. 117 in "Giur. Cost."1979, I, p. 816

[138] FORTUNA - DRAGONE - FASSONE - GIUTOZZI - Pignatelli, Manuale pratico del nuovo processo penale, Padova, 1995, p. 128

situazione prevista dall'art. 497 co. 3 c.p.p. per l'esame dei testimoni[139].

Il giudice può affidarsi a più periti affidando un mandato collegiale quando ritiene necessario avvalersi dell'apporto di più consulenti o quando sono richieste distinte conoscenze in diverse discipline (art. 221 co.2 c.p.p.). Questo accade frequentemente nei processi per colpa medica dove, in genere, il medico legale è affiancato da uno specialista della disciplina medica o chirurgica oggetto del processo. In questi casi la perizia che provenga solo da alcuni dei soggetti designati è per definizione inidonea a conseguire lo scopo perseguito. Di conseguenza, la perizia che non riporti la firma di tutti i medici incaricati del mandato collegiale è inesistente [140], pertanto inutilizzabile ai fini della decisione.

Il giudice, in luogo di un mandato collegiale, può anche optare per affidare distinti incarichi a più periti. Questa ipotesi non costituisce violazione processuale del diritto di difesa ma, anzi, è un rafforzamento delle garanzie a favore dell'imputato, sempre che le valutazioni da compiersi siano di notevole complessità[141].

3. Perizia nulla

La perizia può essere affetta da nullità. Il legislatore non ha distinto tra le diverse ipotesi di nullità della perizia, ponendo sullo stesso piano i vizi attinenti alle qualità personali del perito e quelle verificatesi nel corso delle operazioni di conferimento e di svolgimento delle operazioni peritali (per le quali vedasi oltre). Di conseguenza, anche la violazione di una norma procedurale può avere effetti sul piano sostanziale, motivo per il quale il nuovo incarico dovrebbe essere affidato a un perito diverso. Nella realtà, nella mia esperienza di consulente tecnico, l'incarico viene conferito nuovamente allo stesso perito.

In ogni caso, l'espletamento di una perizia dichiarata nulla non costituisce causa di incompatibilità del perito ai fini del conferimento di un nuovo incarico nel medesimo procedimento penale.

---

[139] MENDOZA - MERCON - MERCON, La perizia e la consulenza tecnica nel processo penale, Padova, 1994, p. 68

[140] Cass. pen., 2 marzo 1994, rv. 198627

[141] Cass. pen., 2 aprile 2001, rv. 218587

4. La formulazione dei quesiti

Momento di particolare importanza è la formulazione dei quesiti da parte del giudice. La formulazione dei quesiti rappresenta un momento cruciale del procedimento peritale in quanto delimita il campo di esplicazione dell'attività del perito e ne condiziona gli esiti. È necessaria una stretta correlazione tra quesito proposto e parere espresso, con la conseguenza che il parere espresso dal perito su un tema estraneo a quello investito con i quesiti proposti deve considerarsi *tamquam non esset.*

Mentre l'art. 316 c.p.p. del 1930 attribuiva al giudice il compito di redigere i quesiti peritali senza stabilire che tale operazione fosse preceduta dall'audizione delle parti e dello stesso perito (cosa che poteva avvenire solo per prassi), con la conseguenza che non di rado si verificava una scorretta impostazione di base dovuta una formulazione in chiave approssimativa e atecnica dei quesiti, il codice attuale prevede l'audizione preventiva dei tecnici al fine di ottenere, da costoro, indicazioni più precise e puntuali.

Il contraddittorio è fortemente valorizzato nella formulazione dei quesiti sia perché il giudice ignora i risultati delle indagini preliminari, sia perché è funzionale all'individuazione di quegli aspetti che esigono l'intervento del perito e dei consulenti tecnici delle parti e del pubblico ministero. Il giudice, tuttavia, sentite le parti (come espressamente previsto dall'art. 226 co. 2 c.p.p.), nella formulazione dei quesiti non ha alcun vincolo rispetto ai temi d'indagine emersi nel contraddittorio, mantenendo pertanto la piena potestà decisionale in merito ai temi da accertare ai fini della sua decisione.

Il giudice dopo aver sentito il perito, le parti ed i loro consulenti tecnici, formula in via definitiva i quesiti, potendo tener conto delle osservazioni, dei contributi e delle proposte di tutti soggetti interessati a un proficuo risultato peritale[142] . Si possono, cosi, trasferire al giudice, nel momento in cui pone il quesito, un patrimonio di conoscenze che ancora non ha o che ha solo parzialmente. Il giudice

---

[142] CONSOLO, Perito ed interprete (diritto processuale penale) in "Enc. giur. Treccani", XIII, Roma, 1990, p. 4

viene, pertanto, posto in grado di porre all'esperto delle domande corrette dal punto di vista tecnico[143].
La previsione della facoltà di presenza dei consulenti di parte assicura la garanzia di difesa e il principio del contraddittorio. I consulenti tecnici possono assistere, allo svolgimento della perizia, presentare al giudice osservazioni e riserve, proporre specifiche indagini (art. 230 commi 1 e 2 c.p.p.).
Precisati i quesiti, il perito gode di propri poteri di direzione e impulso, pur rimanendo sotto il controllo del giudice sia nel momento in cui consulta il materiale probatorio, sia quando è necessario risolvere questioni relative ai propri poteri (art. 228 co. 4 c.p.p.).
Il giudice può autorizzare il perito ad assistere all'esame delle parti e all'assunzione di prove (art. 228 co.2 c.p.p.).
Il perito può chiedere notizie all'imputato, all'offeso e ad altre persone informate, con il limite che gli elementi acquisiti possono essere utilizzati esclusivamente ai fini dell'accertamento peritale (art. 228 co. 3 c.p.p.), essendo escluso che il perito sia legittimato ad indirizzare la sua attività alla raccolta di dati investigativi non funzionali alla risposta del quesito che gli è stato posto. Il perito non può in alcun caso essere chiamato a rendere testimonianza in ordine alle dichiarazioni così ricevute[144]. Non è ravvisabile alcuna nullità qualora il perito non provveda a verbalizzare i colloqui avuti con l'indagato, con la persona offesa o con altri soggetti, nel corso delle operazioni peritali, giacché, stante l'assenza di un obbligo a riguardo, l'esperto rimane libero di scegliere se conservare o meno traccia di tali dichiarazioni[145]. Il perito ha il dovere di dare risposta esauriente ai quesiti che gli sono stati posti. Ciò implica che, ai soli fini di un puntuale svolgimento dell'incarico peritale, egli possa senz'altro consultare atti processuali contenuti nel fascicolo del pubblico ministero[146]. Per gli stessi motivi e con gli stessi fini (cioè assicurare

---

143 TARUFFO, La prova scientifica nel processo civile, in "Scritti per Federico Stella", II, Napoli, 2007, p. 1375

144 Cass. sez., III 4 marzo 2010, in "Guida dir.", 2010, n. 27, p. 84.

145 Cass., sez III, 20 febbraio 2007, Mangoni, in "Cass. pen.", 2008, p. 1513, m. 527

146 Cass. pen., 1 febbraio 1995, rv. n. 201231

lo svolgimento della perizia), il perito può richiedere in forza dell'art. 228 co. 3 c.p.p., notizie all'imputato, alla persona offesa dal reato o ad altro soggetto, non potendosi ritenere interdetta la visione di atti processuali nei quali dette notizie siano già state raccolte ad iniziativa della polizia giudiziaria o del pubblico ministero[147]. Il perito può prendere visione non soltanto degli atti già inseriti nel fascicolo del dibattimento, ma anche di quelli che potenzialmente vi possono entrare durante tutta la durata del processo, anche in un momento successivo al conferimento dell'incarico peritale, attraverso la richiesta delle parti, d'ufficio o mediante il meccanismo delle contestazioni[148].

L'art. 228 co. 3 legittima la figura del perito percipiente, abilitato (anche) alla raccolta di informazioni, seppure strumentali rispetto alla risposta al quesito, oltre a quella del perito deducente, abilitato semplicemente alla interpretazione dei dati cognitivi già acquisiti al processo.

Il perito ha la facoltà di servirsi di ausiliari (art. 228 co 2 c.p.p.) per lo svolgimento di attività materiali non implicanti apprezzamenti e valutazioni. In ogni caso la predetta facoltà non si deve risolvere in una sorta di incarico completamente affidato a terzi ovvero in una delega ad espletare la perizia[149].

Per quanto l'incarico peritale abbia natura strettamente personale, non è prevista alcuna sanzione processuale per il caso in cui il perito ometta di chiedere al giudice l'autorizzazione per servirsi di ausiliari. Il giudice ha tuttavia il potere, previsto al comma 1 dell'art. 231 c.p.p., di ravvisare in quella mancata richiesta un caso di negligente svolgimento dell'incarico e, quindi, di sostituire il perito condannandolo, se del caso, al pagamento di una somma a favore della cassa delle ammende[150].

Nella previgenza del codice del 1930 si era consolidata la prassi di consegnare al perito l'intera documentazione processuale, al fine di permettere allo stesso di avere una più completa conoscenza delle problematiche connesse alla vicenda processuale in relazione alla

---

[147] Cass. pen., 12 gennaio 2004, rv. n. 227861

[148] Cass. pen., 21 ottobre 2002 rv. n. 222515

[149] Cass. pen., 16 febbraio 2005, rv. n. 231207

[150] Cass. pen., 20 agosto 1992, rv. n. 191946

quale egli era chiamato a svolgere il suo incarico. Il codice attuale prevede, all'art. 228 co. 1, che il perito, al fine di rispondere esaustivamente quesiti formulatigli, possa essere autorizzato a prendere visione degli atti, dei documenti e delle cose prodotte dalle parti, delle quali la legge prevede l'acquisizione al fascicolo del dibattimento. Il comma 2, come detto, prevede che il perito possa chiedere al giudice di essere ammesso a servirsi di ausiliari di sua fiducia per lo svolgimento di attività materiali non implicanti apprezzamenti e valutazioni. Le parti possono esercitare un penetrante controllo in ordine all'effettiva osservanza di questa previsione, stante la facoltà loro attribuita, ai sensi dell'art. 230 co. 2 c.p.p., di partecipare in ogni momento alle operazioni peritali e di fare osservazioni e riserve, delle quali deve darsi atto nella relazione.
L'eventuale violazione dell'art. 228 co. 2 c.p.p. configura un'ipotesi di inutilizzabilità, stante la sussistenza di un divieto legislativo, sia pure implicito, volto a impedire al perito di servirsi di ausiliari al di fuori dei casi previsti[151].
Il giudice non dovrà mai dare indicazioni concernenti la metodologia utilizzabile per lo svolgimento della perizia, essendo detta materia di esclusiva competenza dell'esperto; il legislatore, anzi, non richiede neppure la necessaria presenza del giudice all'operazioni peritali, che è dunque legata a criteri di mera opportunità[152].

5. Operazioni peritali e relative comunicazioni

Il perito è tenuto ad effettuare, ai sensi dell'art. 229 c.p.p., le comunicazioni alle altre parti processuali relative al giorno, all'ora ed al luogo in cui inizieranno le operazioni peritali (co. 1). Della eventuale continuazione delle operazioni peritali il perito dà comunicazione senza formalità alle parti presenti (co. 2). Queste comunicazioni costituiscono una garanzia difensiva tassativamente prevista. L'omessa comunicazione da parte del perito nominato nel

---

151 GRIFANTINI, Precisazioni in tema di inutilizzabilità probatoria suggerita da un singolare caso di "inutilizzabilità sopravvenuta" della testimonianza e da una sospetta irritualità della perizia' in "Cass. pen.", 1995, p. 3030

152 RIVELLO, La prova scientifica cit., p. 285

corso del dibattimento, incide sul diritto di difesa, pregiudicando l'eventuale esercizio della facoltà di nomina di un consulente tecnico di parte e determina una nullità di ordine generale che deve essere dedotta prima della deliberazione della sentenza di primo grado[153].
La giurisprudenza, attestatasi sul punto su posizioni poco rigide, nel caso di nullità della perizia per omesso avviso alle parti dell'inizio delle operazioni peritali, ritiene legittima la nomina degli stessi periti[154] specie dove non risulti possibile trovare altri periti per la medesima indagine[155].
In realtà il regime delle comunicazioni varia in funzione dello stato in cui si trova il procedimento di accertamento peritale. Prima che le operazioni abbiano inizio l'imputato, e in genere le parti processuali, devono essere posti in condizione di valutare, insieme al difensore, l'opportunità di partecipare al procedimento tecnico nominando propri consulenti. Ne deriva che le comunicazioni di cui art. 229 cit. devono essere effettuate anche al difensore, in particolar modo quando intervengono variazioni rispetto all'originaria indicazione. Il secondo comma dell'art. 229 c.p.p. si riferisce alla eventuale "continuazione" delle operazioni già iniziate e non può, quindi, trovare applicazione in caso di modifica unilateralmente decisa dal perito -non nel corso delle operazioni e in presenza, almeno virtuale, delle parti- ma prima che le operazioni stesse abbiano inizio[156].
Il difensore che ne abbia fatto richiesta ha diritto di assistere alle operazioni peritali e la sua esclusione dà luogo a nullità di ordine generale indipendentemente dalla presenza o meno di consulenti di parte [157]. Viceversa l'avviso dato al difensore dell'inizio o del prosieguo delle operazioni peritali soddisfa le esigenze di tutela dell'assistenza dell'imputato, come prevista dall'art. 178, lett. *c*). Ne deriva che l'omessa analoga comunicazione al consulente di parte non comporta nullità alcuna[158].

---

[153] Cass. pen., 15 giugno 2010, rv. n. 247516

[154] Cass. pen., 25 settembre 2000, rv. 2000 e 21 gennaio 2003, rv. 223959

[155] Cass. pen., 16 marzo 2010, rv. 246531

[156] Cass. pen., 3 marzo 1996, rv. n. 204193

[157] Cass. pen., 16 settembre 1996, rv. n. 211422

[158] Cass. pen., 12 giugno 2009, rv. n. 244270

Il consulente tecnico della parte deve, infatti, avere cura di comparire all'udienza di conferimento dell'incarico e, successivamente, allo svolgimento delle operazioni e di informarsi, a mezzo del difensore della parte che assiste, di tutte le comunicazioni pervenute. Quando invece un consulente di parte venga nominato successivamente al regolare inizio delle operazioni peritali, ma prima della fissazione di una nuova data della loro prosecuzione, le modalità di comunicazione di essa devono ritenersi libere, in conseguenza dell'assenza di formalità previste dal comma 2 dell'art. 229 c.p.p. che caratterizza questa fase del procedimento[159].
Il perito, quando per la complessità dei quesiti non ritiene di poter dare immediata risposta, può chiedere un termine al giudice che fissa la nuova data, in ogni caso non oltre 90 giorni, disponendo che ne venga data comunicazione alle parti e ai consulenti tecnici. Qualora gli accertamenti presentino particolare complessità (art. 227 co. 4 c.p.p.) il termine può essere ulteriormente prorogato dal giudice, su richiesta motivata del perito, anche più volte per periodi non superiori a 30 giorni. In ogni caso il termine per la risposta ai quesiti, anche se prorogato, non può superare il termine di sei mesi. La perizia depositata oltre tale termine, da considerare ordinatorio, non è affetta da inutilizzabilità o nullità[160]. Nei processi per colpa medica viene pressoché sempre autorizzata dal giudice anche la redazione di una relazione scritta (art. 227 co. 5 c.p.p.).

6. Sostituzione del perito

Il perito può essere sostituito (art. 231 c.p.p.) in tre casi che si possono verificare solamente una volta esaurite le formalità di conferimento dell'incarico: se non fornisce il proprio parere nel termine fissato, se la richiesta di proroga non è accolta, infine se svolge negligentemente l'incarico affidatogli.
Il giudice, sentito il perito citato a comparire per discolparsi, provvede con ordinanza alla sua sostituzione, salvo che il ritardo o l'inadempimento sia dipeso da cause a lui non imputabili, e quindi sia stato incolpevole. Copia dell'ordinanza è trasmessa all'ordine del collegio a cui il perito appartiene. Il perito è sostituito anche al di fuori

---

[159] Cass. pen., 1 febbraio 1995, rv. n. 201241

[160] Cass. pen., 1 dicembre 1999, rv. n. 215171

di ipotesi di inadempimenti, o adempimenti parziali dell'incarico, quando venga accolta dal giudice la sua dichiarazione di astensione o di ricusazione.
In osservanza del principio di conservazione dell'attività già utilmente espletata, in ogni ipotesi di sostituzione del perito vanno messi immediatamente a disposizione del giudice, da parte dell'esperto sostituito, la documentazione e i risultati delle operazioni peritali cui sia già parzialmente dato luogo (co. 4).
Per la dottrina maggioritaria il principio di tassatività enunciate dell'art. 231 c.p.p. opera soltanto per le cause di sostituzione di natura disciplinare in quanto non possono essere applicate in via analogica ad altre ipotesi.
Al di fuori di queste previsioni possono verificarsi una serie di ipotesi che rendono non solo opportuno, ma persino doveroso disporre la sostituzione del perito. La sostituzione del perito può, eventualmente, accompagnarsi ad una condanna al pagamento di una somma per la cassa delle ammende.
Si è già esaminata l'ipotesi in cui il perito si avvalga di ausiliari, sottolineando l'importanza che sia il perito a dirigere e sovrintendere il loro operato, al fine di evitare una vera e propria delega in bianco delle operazioni peritali ad altri soggetti. È, pertanto, buona prassi chiedere al giudice l'autorizzazione per potersene avvalere, fermo restando il potere del giudice ai sensi dell'art. 231 co.1 c.p.p. di ravvisare in tale mancata richiesta un caso di negligente svolgimento dell'incarico, e quindi sostituire il perito, potendolo condannare pure al pagamento di una somma a favore della cassa delle ammende[161].
Come già evidenziato, va infatti evitata ogni indebita, nonché non consentita, sostituzione mascherata del perito, nominato dal giudice, con altro soggetto. È stato rilevato in giurisprudenza che l'utilizzo, in assenza di autorizzazione, da parte del perito, di ausiliari, integra una nullità sia pure relativa, non comportando comunque, di per sé, l'inutilizzabilità della prova rappresentata dalla perizia[162]. Dopo aver dato corso alla procedura di sostituzione del perito, rientra nei poteri del giudice riconfermare l'incarico al perito in precedenza nominato, nell'eventualità in cui abbia ritenuto valide le giustificazioni rese da

---

[161] Cass. pen., sez. VI, 20 agosto 1992

[162] Cass. pen., sez. II, 18 giugno 1981, in "Giur. It.", 1982

costui in merito al ritardo nel deposito della relazione peritale, al fine di non disperdere il patrimonio delle conoscenze acquisite.
Secondo la Suprema Corte di Cassazione, qualora un perito che, sostituito, viene poi successivamente confermato, abbia depositato la relazione prima dell'audizione, la relazione medesima non è utilizzabile, poiché l'operatività della sostituzione dipende dall'ascolto delle eventuali giustificazioni del perito. Inoltre, la prova non è costituita dalla relazione peritale bensì dalle dichiarazioni rese dal perito in sede di esame dibattimentale[163].

7. La perizia dibattimentale

La perizia dibattimentale può essere disposta d'ufficio dal giudice. Tale potere di intervento è sganciato dal criterio dell'assoluta necessità fissato dall'art. 507 c.p.p. né è vincolato all'ammissione di nuovi mezzi di prova solo una volta terminata l'acquisizione di tutte le altre. La relazione peritale viene esposta oralmente in dibattimento, mentre la lettura della relazione peritale è disposta solo dopo l'esame orale del perito (art. 511 co. 3 c.p.p.).
Il conferimento dell'incarico peritale durante l'istruttoria dibattimentale implica che gli esiti dell'accertamento tecnico siano acquisiti al giudizio nelle forme ordinarie di acquisizione delle prove, cioè attraverso l'esame incrociato del perito e dei consulenti di parte. L'esame orale può essere legittimamente omesso solo in presenza di alcune particolari circostanze; appare superfluo laddove vi sia stata una rinuncia dei difensori e del pubblico ministero all'escussione dell'esperto, previamente citato[164] o nel caso in cui le parti, non chiedendo l'escussione del perito, già sentito dell'incidente probatorio, sembrano in tal modo manifestare, implicitamente, il consenso ad una soluzione consistente nella sola lettura della relazione peritale[165]. Ritenere il contrario significa perdere di vista le reali ragioni che sorreggono l'esigenza del rispetto del principio di

---

163 Cass. pen., 6 agosto 2010, rv. n. 248377

164 AMODIO, Fascicolo processuale di utilizzabilità degli atti, in "Lezioni sul nuovo processo penale", Milano 1990, p.81

165 R. CANTONE, Esame del perito e lettura della relazione scritta nella regola dettata dall'articolo 511 c.p.p., in "Cass. pen.", 1998, p. 525

oralità, che comporta l'accoglimento di un'impostazione volta, in sostanza, ad esigere la celebrazione di una sorta di inutile rituale anche laddove le parti abbiano manifestato la loro assoluta indifferenza al riguardo[166].
La previsione normativa non impedisce che sia depositata una relazione scritta, prevista dall'art. 227 c.p.p., e non esclusa dall'art. 508 co. 3 c.p.p., non essendo specificato che il perito debba rispondere ai quesiti esclusivamente nella forma orale. Nell'ipotesi in cui la lettura della relazione sia effettuata senza il previo esame del perito, si deve escludere l'inutilizzabilità della perizia stessa[167], mentre un acceso dibattito si è creato sul fatto che questa condotta costituisca una violazione della legge processuale tale da far conseguire, o meno, una ipotesi di nullità causato dalla mancata osservazione delle regole dell'esame incrociato.
Dopo l'esposizione orale del perito, qualora essa risulti pienamente esaustiva, le parti comunque possono anche decidere di non esercitare più il potere di escussione dell'esperto.
I processi per colpa medica sono caratterizzati da un tasso particolarmente elevato di complessità nei quesiti prospettati, motivo per il quale i periti presentano sempre relazioni scritte. Ne deriva che l'ossequio formale al canone dell'oralità si traduce in realtà in una "oralizzazione" del contenuto della relazione scritta che viene integralmente ripetuta dal perito in sede dibattimentale.
Il perito viene esaminato in dibattimento nel contraddittorio delle parti secondo la formula dell'esame incrociato (art. 501 c.p.p.). Lo stesso vale per i consulenti tecnici.
La perizia non vincola il giudice il quale può disattendere il risultato di una perizia, ad esempio nominando un altro perito, o affidandosi alle valutazioni esposte da un consulente tecnico di parte. Il giudice è comunque tenuto a valutare i risultati ai quali sono pervenuti gli esperti ed è libero di disattenderne le conclusioni motivando le ragioni del proprio dissenso[168]. Va sottolineato come non si possa pretendere che la perizia risolva, come d'incanto, ed in maniera quasi automatica, le problematiche connesse ad una determinata vicenda giudiziaria. Il

---

[166] RIVELLO, La prova scientifica cit, p. 235

[167] Cass. pen., 28 giugno 1991, rv. n. 187674

[168] Cass, sez.I, 8 maggio 2003, DIAMANTE, in Dir. giust., 2003, 29, 78

perito può acquisire dei dati significativi, utilizzando determinate metodiche, o può chiarire quali siano le leggi scientifiche applicabili in un determinato campo, permettendo così al giudice di operare sulla base di tali leggi le conseguenti operazioni inferenziali o fornendo direttamente, grazie ad esse, una spiegazione a specifici problemi di carattere complesso, che richiedono il possesso di approfondite competenze settoriali; sarebbe invece gravemente erroneo ritenere che dal responso peritale derivi una "risposta" risolutiva ai fini dell'esito del processo. Una simile considerazione apparirebbe il segnale di una pericolosa confusione dei ruoli e condurrebbe ad un'inaccettabile deresponsabilizzazione del giudice[169].
Il perito non può mai sostituirsi al magistrato nella formulazione del giudizio circa la responsabilità penale del prevenuto, essendo questa una funzione spettante solo all'autorità giudiziaria e dovendosi rigorosamente evitare che l'esperto esprima valutazioni giuridiche di esclusiva pertinenza del giudice[170].

8. Responsabilità penale del perito

Sul perito gravano alcuni doveri giuridici: in primo luogo quando regolarmente citato o comunque convocato, deve comparire innanzi al giudice nel luogo, e nell'ora indicati, e ove ciò non avvenga senza un legittimo impedimento, potrà nei suoi confronti essere disposto l'accompagnamento coattivo ex art. 133 c.p.p., con l'eventuale condanna al pagamento di una somma in favore della cassa delle ammende e delle spese alle quali la mancata comparizione ha dato causa.
L'omessa ed ingiustificata presentazione integra il reato di cui all'art. 328 c.p. (rifiuto di atti d'ufficio, omissione), dal momento che il perito acquista sin dalla nomina, quindi anche prima del giuramento, la qualità di pubblico ufficiale ai sensi e per gli effetti di cui all'art. 357 c.p.
Inoltre, il perito che con mezzi fraudolenti ottiene l'esenzione dall'obbligo di comparire o di prestare il suo ufficio commette il

---

169 RIVELLO, La prova scientifica, Giuffrè 2014, p. 260 ss.

170 CODOGNOTTO-SARTORI, La testimonianza dei minori: problemi metodologici nella valutazione peritale, in "Scienza e processo penale: linee guida per l'acquisizione della prova scientifica", p. 245

delitto previsto dall'art. 366 c.p. che prevede anche la pena accessoria dell'interdizione dalla professione o dell'arte.
In caso di falsità ideologica, il perito che risponda ai quesiti formulati in modo dolosamente falso si applica l'art. 479 c.p. (falsità ideologica commessa dal pubblico ufficiale in atti pubblici).

9. Il ruolo del giudice nel disporre la perizia e problematiche di valutazione

Nel dibattito inerente alla questione del vincolo del giudice ad ammettere una perizia, nell'ipotesi in cui si presenti una questione tecnica che riguarda conoscenze che il magistrato non può avere, la dottrina prevalente ritiene che il sindacato del giudice sia circoscritto all'accertamento dell'esistenza di situazioni per risolvere le quali occorre svolgere indagini o acquisire elementi tecnici che richiedono specifiche competenze tecniche o scientifiche. Compiuto con esito positivo tale verifica, il giudice sarebbe obbligato ad ammetterla.
Per Chiavario la perizia è un mezzo di prova obbligatorio per il giudice, al quale sarebbe lasciato, solamente, un potere di valutazione discrezionale in ordine alla esistenza del presupposto di necessità richiesto dal codice. Accertata la sussistenza di tale necessità, al giudice non verrebbe concesso alcun margine di manovra[171]. La perizia è tradizionalmente considerata prova neutra. Si nega, infatti, che l'accertamento peritale possa ricondursi al concetto di prova decisiva ex art. 606, co. 1, lett *d*)[172]. Pertanto il relativo diniego alla sua assunzione, in quanto giudizio di fatto, se assistito da adeguata motivazione, è insindacabile in sede di legittimità, anche sensi dell'art. 606, lett *e*) c.p.p.[173]. Dal momento che le competenze scientifiche sono escluse dalle nozioni di comune esperienza, sarebbe contraddittorio pretendere dal giudice un'autonoma dimostrazione dell'esattezza delle conclusioni raggiunte dal perito. Tuttavia, il controllo sull'operato del giudice che rifiuti l'ammissione della perizia non può che riferirsi alla

---

[171] CHIAVARIO, Commento al nuovo codice di procedura penale, Torino, 1990, II, p. 572
[172] Cass. pen., 14 febbraio 1998, rv. 212187
[173] Cass. pen., 6 febbraio 2004, rv. n. 229665

congruità e alla logicità della motivazione, eventualmente confrontata con i criteri di cui all'art.190 c.p.p.[174]. Sebbene la Corte Suprema di Cassazione riconosca una presunzione di affidabilità del perito, sul giudice grava un dovere di controllo sulla logicità interna della relazione presentata e delle conclusioni raggiunte. Infatti è questo il corretto modo di intendere il giudice come *peritus peritorum*.
La giurisprudenza di legittimità presenta costanti orientamenti che riconoscono al giudice ampi margini di discrezionalità in sede di ammissione della perizia. Si è osservato che l'applicazione di conoscenze tecniche del tutto particolari può anche prescindere dalla necessità della perizia, quando il giudice ritenga che tale accertamento non sia necessario e purché il convincimento sia sorretto da adeguata motivazione[175]. Infatti, in base al principio della verità naturale, il giudice, ai fini dell'accertamento dei fatti, può attingere la prova in qualsiasi modo che non sia specificamente precluso, sicché ben può, prescindendo dalla perizia medico-legale, ricorrere alla utilizzazione di altre fonti di prova a sostegno del suo convincimento[176]. Nello stesso senso si è affermato che è rimessa al giudice di merito, anche in presenza di pareri tecnici e documenti prodotti dalla difesa, la valutazione della necessità di disporre indagini specifiche, e che, pertanto, non è sindacabile in sede di legittimità, sempre che sia sorretta da adeguata motivazione, il convincimento del giudice circa l'esistenza di elementi tali da escludere la situazione che l'accertamento peritale richiesto dovrebbe dimostrare[177]. Altro filone giurisprudenziale postula l'assenza di un obbligo del giudice di disporre la perizia quando sono stati esaminati consulenti tecnici di parte, cui deve essere riconosciuta veste sostanziale di testimone, con conseguente possibilità di desumere dalle loro dichiarazioni e dei loro chiarimenti elementi di prova e di giudizio[178].
In generale, come evidenziato nel capitolo sulla prova scientifica e la sua valutazione, il giudice ha l'onere di verificare la validità scientifica

---

[174] NAPPI, Guida al codice di procedura penale, Milano, 2004, p. 449

[175] Cass. pen., 3 dicembre 1993, rv. 195594; id. 3 agosto 1993, rv. 194776, id. 6 febbraio 1998, rv. 209805

[176] Cass. pen., 1 febbraio 1993, rv. 193488

[177] Cass. pen., 8 agosto 2003, rv. n. 226330

[178] Cass. pen., 12 febbraio 2001, rv. 212187

dei criteri e dei metodi di indagine utilizzati dagli esperti e, nel valutare la prova, rimane fermo il principio del libero convincimento data l'insussistenza di un regime di prova legale nel processo penale.
Come è stato già evidenziato, il "valore" e l'attendibilità scientifica e quindi probatoria, dei consulenti tecnici non è inferiore a quello dei periti. Un consulente tecnico di parte che produca una relazione esaustiva può essere ritenuto attendibile dal giudice. Convinto della correttezza della tesi scientifica illustrata, e della logicità delle conclusioni a cui l'esperto è pervenuto, il giudice ben può ritenere non necessario disporre una perizia.
Quanto al controllo sulla motivazione, il giudice che aderisca alle conclusioni del perito e non a quelle del consulente di parte, non può essere gravato dall'obbligo di fornire un'autonoma dimostrazione dell'esattezza scientifica delle prime e delle erroneità delle seconde.
Si considera sufficiente che il giudice dimostri di avere comunque valutato le conclusioni del perito d'ufficio, senza ignorare le argomentazioni del consulente. Il vizio di motivazione sarà ravvisato solamente se queste ultime siano tali da dimostrare in modo inconfutabile la fallacità delle conclusioni peritali[179].
Va sottolineato che il giudice è il solo soggetto preposto a giudicare la responsabilità penale dell'imputato.
Il perito, a differenza del teste, formula delle conclusioni che altro non sono che valutazioni e giudizi ma, per così dire, serventi, strumentali, prodromici e mai sostitutivi dell'accertamento giudiziale di penale responsabilità dell'imputato, anche nei casi in cui i due tipi di giudizio paiono sovrapporsi. La formulazione del giudizio ultimo di responsabilità penale costituisce compito precipuo, esclusivo e non delegabile del giudice, pertanto, qualunque sia la formulazione del quesito e la relativa risposta del perito, resta ferma la finale responsabilità del giudice nella assunzione autonoma della decisione circa il giudizio di responsabilità penale dell'imputato. Ciò deve riverberarsi anche nella proposizione dei quesiti, che non devono costituire una delega al tecnico per decidere circa la sussistenza, o meno, del reato per il quale si procede.
Possono verificarsi due diverse ipotesi:
Ipotesi 1): il giudice aderisce alle conclusioni peritali.

---

[179] Cass. pen., sez I, 18 febbraio 2009, rv. n. 25183

Come regola generale, quando il giudice presta adesione alle conclusioni peritali si ritiene sia sufficiente che dalla motivazione del provvedimento giurisdizionale risulti come tale adesione non sia stata acritica e passiva, bensì frutto di attento e ragionato studio, peraltro necessariamente condotto nel presupposto che le suddette conclusioni peritali, sia per la particolare competenza di cui perito deve presumersi fornito (art. 221 c.p.p.), sia per l'impegno che egli devi assumere all'atto del conferimento dell'incarico (art. 226, co.1 c.p.p.), siano, fino a prova contraria, affidabili[180].

Ipotesi 2): il giudice giunge a conclusioni diverse.

Il giudice può anche ritenere di non aderire al responso fornito dal perito.

In tal caso sono possibili due diverse scelte:

- nominare un secondo perito;
- decidere discostandosi dalla perizia, indicando in modo logico e adeguato le ragioni del dissenso e dimostrando di essersi soffermato sulla tesi non condivisa.

Il giudice può, in ogni caso, non adeguarsi pedissequamente alle conclusioni del perito. Gli è, allora, consentito di pervenire al convincimento che, pur non trovando precisa aderenza al delimitato campo dell'indagine tecnica, trovi comunque in essa la sua giustificazione e ne rappresenti uno sviluppo logico[181]. L'ipotesi di contrasto tra esperti è stato illustrata nel capitolo relativo alla prova scientifica, a cui si rinvia.

Rispetto alla perizia non si applica il diritto alla controprova. La perizia, essendo considerata, come detto, un mezzo di prova neutro, non costituisce mai una prova orientata, tale cioè da considerarsi "a carico" o " a discarico" dell'imputato. L'ammissione della perizia è sottratta al potere dispositivo delle parti ed è rimessa essenzialmente al potere discrezionale del giudice, la cui valutazione, se assistita da adeguata motivazione è insindacabile in sede di legittimità[182].

---

[180] Cass. pen., 22 dicembre 1993, rv. 196075; id. 31 dicembre 1994, rv. 200175

[181] Cass. pen., 29 aprile 1994, rv., 197783

[182] Cass., pen., sez. V, 30 aprile 1997, n. 6074 in "Giust. pen.", 1998, III, 309

Per questo motivo non si può applicare l'art. 495 co. 2 del c.p.p. che sancisce il diritto dell'imputato all'ammissione delle prove da lui dedotte a discarico sui fatti costituenti oggetto delle prove a carico[183].

10. Il consulente tecnico del pubblico ministero e delle parti processuali

Il codice di procedura penale del 1930, di impronta inquisitoria, delineava l'istituto della consulenza tecnica "endoperitale" agli articoli 323-325.
Tale consulenza era legata in modo inscindibile all'espletamento di una perizia e permetteva ai consulenti di fornire, mediante la presentazione di proprie memorie, un contributo del tutto autonomo rispetto alle risultanze peritali. Solo la parte privata poteva nominare il consulente tecnico.
L'attuale codice ha eliminato questa limitazione estendendo al pubblico ministero (che prima doveva "appoggiarsi" all'attività del perito) questo potere di nomina, operando un significativo riequilibrio tra le parti. Il legislatore ha disciplinato una normativa atta a rimarcare la rilevanza del ruolo spettante alla consulenza tecnica endoperitale, mostrando di avere pienamente recepito le indicazioni della Corte costituzionale volte ad evidenziare come essa permetta di rendere concreta la possibilità di partecipare ad un'effettiva dialettica processuale anche in ordine alle tematiche che richiedono una particolare competenza tecnico scientifica artistica, consentendo alle parti di espletare un efficace contraddittorio nel corso dell'esame del perito[184].
Il codice attuale ha modificato quegli aspetti che, sotto il codice previgente, limitavano sensibilmente l'ambito di attività del consulente, in precedenza consistente perlopiù nella redazione di osservazioni, che, una volta depositate ai sensi dell'art. 324 c.p.p., venivano considerati alla stregua di semplici memorie difensive[185].

---

[183] Cass. pen., 4 aprile 2003, rv. 226809

[184] Corte Cost., sent. 8 giugno 1983 n. 149 in Giur. cost., 1983, I, p. 869

[185] KOSTORIS, I consulenti tecnici nel processo penale, Milano, 1993, p. 307

Il codice del 1988 ha dunque cercato di eliminare un'impostazione che sembrava porre i contributi provenienti dai consulenti tecnici in una posizione subvalente rispetto a quella riconosciuta alle risultanze peritali, tanto da far ritenere che il consulente tecnico fosse una figura semplicemente "tollerata" sulla scena processuale[186], non essendovi una effettiva volontà da parte del legislatore del 1930, di sviluppare le potenzialità del supporto tecnico[187]. Appariva evidente un divario sussistente tra la consulenza tecnica e la perizia, a tutto svantaggio del primo istituto, oggetto di una sorta di "sfiducia" o quantomeno di un atteggiamento di diffidenza.
Poiché la consulenza è funzionale agli interessi di parte, veniva fatta derivare da questa constatazione una sorta di declassamento in termini di affidabilità, configurandosi una presunzione di tendenziosità che ne limitava sensibilmente la valenza[188].
Il codice vigente, al contrario, ha inteso rimarcare, com'è stato immediatamente posto in luce dalla dottrina, il valore estremamente significativo della consulenza tecnica, nella consapevolezza che nelle materie caratterizzate da un elevato tecnicismo il codice vigente, al contrario, ha inteso rimarcare, com'è stato immediatamente posto in luce dalla dottrina [189] il valore estremamente significativo della consulenza tecnica, nella consapevolezza che nelle materie caratterizzate da un elevato tecnicismo i difensori ed il pubblico ministero possono esercitare correttamente il loro impegno dialettico solo qualora supportati dal indispensabile contributo degli esperti[190].
Il mutato approccio codicistico giustifica il differente orientamento giurisprudenziale, volto ad esempio ad ammettere che il giudice possa fondare la propria decisione anche sui soli pareri espressi dei consulenti di parte[191]. Come già esposto, le parti possono nominare

---

186 KOSTORIS, cit., p. 13

187 In tal senso FRIGO, Il consulente tecnico della difesa nel nuovo processo penale, in "Cass. pen.", 1988, p. 2178

188 KOSTORIS cit., p. 8

189 CRISTIANI, Manuale del nuovo processo penale, Torino, 1991, p. 213; DEAN, Consulenza tecnica, in "D. disc. pen.", Torino, 1992, p. 514

190 KOSTORIS cit., p. 1

191 Cass., sez IV, 3 febbraio 2004, MICUCCI, in Cass. pen., 2005, p. 1659, m. 674

consulenti tecnici, cioè soggetti particolarmente qualificati ed idonei a fornire al giudice pareri scientifici e tecnici, in due casi. Nel primo in relazione a una perizia già disposta (art. 225 c.p.p.), in tal caso le parti hanno facoltà di nominare propri consulenti tecnici in numero non superiore a quello dei periti. Il secondo prevede la nomina al di fuori di questa (art. 233 c.p.p.). In questo ultimo caso il codice del 1988 ha codificato una prassi consolidata prevedendo, appunto, anche laddove il giudice non abbia, o non abbia ancora, proceduto alla nomina di un perito, non ritenendo (ancora) integrati i presupposti di cui all'art. 220 c.p.p., che le parti possano, a propria discrezione, nominare consulenti tecnici, in numero massimo pari a due, con facoltà di depositare direttamente memorie (art. 121 c.p.p.).
Ai consulenti tecnici extraperitali, si applicano le disposizioni sulla incapacità e incompatibilità del consulente tecnico nominato a seguito di perizia già formalmente disposta.
Per quanto attiene alla nomina dei consulenti tecnici, non sono previsti particolari vincoli circa le forme e i tempi, dal momento che l'incarico può essere conferito dal momento della formulazione dei quesiti fino al termine della perizia.
Mentre le parti private non hanno l'obbligo di scegliere il consulente all'interno di albi, il pubblico ministero deve sceglierlo "di regola" tra le persone iscritte negli albi dei periti (art. 73 disp. att.).
In caso di perizia disposta con incidente probatorio la giurisprudenza riconosce anche alla persona offesa la facoltà di nominare un proprio consulente[192].
Al consulente tecnico si applicano le cause di incapacità e incompatibilità previste per il perito.
Nei confronti del consulente del pubblico ministero nominato ex art. 233 c.p.p., fuori dei casi di perizia, non sussistono le cause di incompatibilità richiamate dal comma terzo dell'art. 225 c.p.p. previste, per evidenti ragioni di imparzialità, esclusivamente per il perito nominato dal giudice[193]. Qualora un tecnico risulti a conoscenza dei fatti oggetto di processo, la legge impedisce che gli sia conferito il ruolo di esperto in quel procedimento attribuendo prevalenza

---

[192] Corte cost., n. 539/1990

[193] Cass. pen., 19 maggio 1998, rv. n. 210945

all'ufficio di testimone, con il relativo obbligo di rispondere secondo verità.
La facoltà di nominare propri consulenti tecnici consente di assicurare il contraddittorio peritale sia al pubblico ministero che alle parti private e rappresenta piena espressione del diritto di difesa, anche per la parte "tecnica", costituzionalmente garantito.
Anche in ambito tecnico specialistico si è affermato il principio dispositivo: le parti hanno l'onere di fornire prove mediante propri esperti, mentre il giudice può, d'ufficio, interpellare un perito di propria fiducia.
La rilevanza probatoria della consulenza tecnica è molto importante: il giudice di merito ben può ritenere di desumere elementi di prova e di giudizio dalla dichiarazione dei consulenti tecnici, senza l'obbligo di disporre apposita perizia, motivandone, in maniera adeguata e logica, la non necessarietà per essere gli elementi forniti dei consulenti privi di incertezze, scientificamente corretti, basati su argomentazioni logiche e convincenti[194]. In caso, invece, di perizia disposta dal giudice, sarà l'esame incrociato in dibattimento tra esperti (consulenti delle parti private, del pubblico ministero e periti nominati dal giudice) a fare in modo che il giudice possa orientarsi verso la decisione ritenuta tecnicamente e scientificamente più idonea dopo aver ottenuto, anche dalle parti, tutti gli elementi utili ai fini della decisione.
Non è data ai consulenti tecnici la facoltà di controesaminare i periti perché l'art. 501 co.1 c.p.p. rinvia alle disposizioni sull'esame dei testimoni in quanto applicabili, e queste non prevedono alcuna forma di controesame dei testi tra di loro. Non sussiste alcun obbligo per il giudice di disporre un confronto diretto tra tecnici, restando affidata al difensore l'eventuale esposizione dei motivi di dissenso dalle conclusioni dell'elaborato peritale[195]. L'art. 230 c.p.p. disciplina le attività dei consulenti tecnici i quali possono assistere al conferimento dell'incarico al perito, presentare al giudice richieste, osservazioni e riserve, delle quali viene fatta menzione nel verbale, possono partecipare alle operazioni peritali, proponendo al perito specifiche

---

[194] Cass. pen., 1 marzo 2005, rv. n. 230824
[195] Cass. pen., 18 febbraio 2005, rv. n. 231106

indagini e formulando osservazioni e riserve, delle quali deve darsi atto nella relazione.
I consulenti tecnici sono sentiti dal giudice in ordine alla formulazione dei quesiti ed è, questo, un momento di fondamentale importanza sia per la fissazione del tema dell'indagine peritale, che in vista del contraddittorio tecnico, tanto che il giudice non sarà tenuto ad esaminare il consulente tecnico che non abbia esplicato alcuna forma di intervento nelle fasi appena descritte.
In un'ottica di garanzia di difesa e di rispetto del principio del contraddittorio, la previsione della facoltà di presenza dei consulenti di parte permette che, nell'ambito della medesima perizia, i quesiti possano anche essere ampliati con carattere di novità, sia per ragioni di economia processuale, che di una più completa visione di assieme. Tale principio trova un addentellato normativo nel combinato disposto degli artt. 501 co.1 e 498 co. 3.
Si ribadisce che l'esame del consulente tecnico in dibattimento non deve essere svolto se lo stesso non ha in precedenza svolta alcuna forma di intervento nella fase del conferimento dell'incarico o nel corso delle operazioni peritali, in quanto tale esame trova un limite nell'art. 230 co. 4 c.p.p.[196]. Per previsione codicistica per l'esame del perito si osservano, infatti, le disposizioni sull'esame dei testimoni, sicché colui che ha chiesto l'audizione può "proporre nuove domande". Ne deriva la possibilità di proporre, per analogia, "quesiti nuovi" in corso di perizia, una volta salvaguardato il contraddittorio anche tecnico, garantito dal comma secondo dell'art. 226 c.p.p. alle parti che a tanto vogliano far ricorso[197].
Il co. 4 dell'art. 230 c.p.p. pone, tuttavia, un limite alla nomina e allo svolgimento dell'attività dei consulenti tecnici che non devono, in ogni caso, ritardare l'esecuzione della perizia e il compimento delle altre attività processuali, in ossequio al principio di economia processuale.
Qualora il consulente tecnico sia nominato dopo il compimento delle attività peritali, il diritto al contraddittorio potrà essere garantito solo a posteriori, sui risultati della perizia già cristallizzati. In questa ipotesi, infatti, i consulenti tecnici possono prendere conoscenza delle

---

[196] Cass. pen., sez I, 26 ottobre 1995, in "Giust. pen.", 1999, III, 729

[197] Cass. pen., 28 marzo 1995 rv. n. 200693

relazioni già depositate e chiedere al giudice di essere autorizzati a esaminare la persona, la cosa o il luogo oggetto della perizia (art. 230 co.3 c.p.p.).
Nel campo della colpa medica il consulente tecnico potrà quindi visionare la relazione peritale e la cartella clinica, potendo così dedurre le sue osservazioni ed eventualmente contraddire o avvalorare quanto già esposto dal perito.
In ogni caso possono essere svolti dal consulente tecnico, al di fuori delle vere e proprie operazioni peritali, accertamenti che verranno riportati al giudice mediante memoria scritta. In tale evenienza sarà facoltà del giudice riconoscere, oppure no, a questa attività valore probatorio. Infatti, al fine di esercitare effettivamente il diritto alla prova di cui all'art. 190 c.p.p., le parti possono svolgere attività integrativa di indagine, così come previsto dall'art. 391 *bis* c.p.p., sicché i pareri espressi dai consulenti di parte a mezzo di relazione scritta, ritualmente formulata e acquisita agli atti del processo, possono ben essere utilizzati ai fini della decisione[198].
L'oggetto della consulenza tecnica di parte è identico a quello della perizia ed è quello indicato nell'art. 220 c.p.p. Diversa è invece la disciplina giuridica che regola i due istituti. Mentre il perito svolge indagini ed acquisisce risultati probatori per conto del giudice, il consulente di parte propone invece valutazioni tecniche, appunto, per una parte.
Gli esiti delle operazioni tecniche condotte dal perito confluiscono direttamente nel fascicolo per il dibattimento e sono utilizzabili nella decisione finale. Il consulente di parte espone valutazioni tecniche che si traducono in un parere esposto oralmente in dibattimento e, in seguito, nella lettura di memorie scritte (art. 233 co.1 c.p.p).
Il perito e il consulente tecnico, come detto, sono sottoposti all'esame incrociato che si svolge in forme simili a quelle con le quali viene escusso il testimone (art. 501, co.1 c.p.p.). L'esposizione orale del parere e l'esame del perito non possono essere considerati come alternativi, dal momento che la prima rappresenta l'esaurimento dell'incarico peritale e il secondo il veicolo attraverso cui si realizza il

---

[198] Cass. pen., 26 marzo 2004, rv. n. 228596

contraddittorio[199]. L'esposizione orale dunque non può mai mancare, mentre l'esame è una semplice possibilità[200].
Quindi, per assicurare il principio di oralità, in presenza di una relazione scritta, il perito deve essere prima sentito. Nel caso in cui il perito sia autorizzato ad illustrare il parere mediante note scritte, valgono i seguenti principi: a) la relazione, prima di ciò, costituisce piattaforma utilizzabile per rivolgere domande al perito e muovere contestazioni; b) l'esposizione (e l'eventuale esame) precede cronologicamente e logicamente la lettura della relazione peritale[201].
Mentre il perito assume l'obbligo penalmente sanzionato di "far conoscere la verità" (art. 226 c.p.p.), sul consulente tecnico di parte non grava questo obbligo.
Tuttavia, è interesse della stessa parte che lo ha nominato che il consulente tecnico esponga con rigore scientifico la sua relazione per evitare una perdita di attendibilità agli occhi del giudice, ben potendo il Giudice disattendere la teoria del perito per sposare quella del consulente, qualora ritenuta più valida.
L'esame del consulente tecnico nel dibattimento rappresenta la modalità di acquisizione orale di quelle stesse ragioni sostanziali che hanno legittimato la sua partecipazione al procedimento peritale: consentire di esplicitare nel contraddittorio delle parti le osservazioni già presentate al perito nominato dal giudice.
Di conseguenza, come già evidenziato, qualora il consulente tecnico non abbia esplicato alcuna forma di intervento nel momento del conferimento dell'incarico al perito o nel corso delle operazioni peritali, non ricorre alcun obbligo da parte del giudice di esaminarlo dopo che si sia concluso l'esame del perito, nel corso di una perizia disposta in dibattimento con le forme previste dalla seconda parte del co. 1 dell'art. 508 c.p.p.[202].

---

199 CHIAVARIO, Commentario al codice di procedura penale, Torino, V, p. 401

200 ILLUMINATI, Ammissione e acquisizione della prova, in "AA.VV., La prova legale nel dibattimento penale", Torino, 1999, p. 106

201 SIRACUSANO, Dalla perizia al perito, in"De Fazio Beduschi, La medicina legale", p.129

202 Cass. pen., 31 marzo 2010, rv. n. 246725

Del resto il ruolo del consulente tecnico di parte è esattamente quello di controllare l'attività del perito in tutte le fasi delle operazioni peritali, facendo verbalizzare ogni osservazione, richiesta o riserva.
L'art 152 disp. att. prevede, in sintonia con questa interpretazione, che quando il giudice ha disposto la citazione del perito a norma dell'art. 508 comma 1 del codice, le parti hanno facoltà di presentare al dibattimento, anche senza citazione, i propri consulenti tecnici a norma dell'art. 225 c.p.p., al fine di garantire il contraddittorio tecnico.
Quando, invece, è necessario sospendere il dibattimento e fissare un'udienza successiva per consentire di svolgere compiutamente le operazioni peritali, l'esame del consulente tecnico in dibattimento deve ritenersi escluso, qualora lo stesso non abbia svolto alcuna forma di intervento nella fase del conferimento dell'incarico o nel corso delle operazioni peritali, proprio per il limite disposto dall'art. 230 c.p.p.[203].
Come già evidenziato, nell'ambito delle investigazioni difensive (art. 391 *bis* c.p.p.) il consulente nominato da una parte privata può ricercare e individuare elementi di prova. In tale ottica può conferire con le persone che possono dare informazioni e visionare, previa autorizzazione, il materiale che l'autorità giudiziaria ha posto sotto sequestro.
Nella fase delle indagini preliminari, nel corso di procedimenti per colpa medica, una relazione di consulenza tecnica, disposta dal pubblico ministero, che sia esaustiva, scientificamente valida ed affidabile, può convincere il magistrato ad archiviare la posizione del medico indagato che risulti, alla luce della consulenza tecnica, estraneo alla vicenda oggetto di indagine. Allo stesso modo, una relazione di consulenza tecnica redatta dallo specialista nominato dalla persona offesa, può convincere il pubblico ministero ad esercitare l'azione penale nei confronti del medico indagato o ad allagare l'indagine verso altri medici coinvolti nella commissione del reato.
Nei procedimenti per colpa medica, infatti, il ruolo dei consulenti tecnici delle parti (persona offesa e indagati) e di quelli del pubblico ministero è determinante per individuare le singole responsabilità penali dei medici intervenuti, spesso in tempi diversi, nella cura del paziente.

---

[203] Cass. pen., 4 dicembre 1995, rv. n. 203247

Allo stesso modo le consulenze tecniche presentate nel corso delle indagini preliminari possono permettere di delimitare il numero delle persone ritenute penalmente responsabili del reato, portando alla richiesta di archiviazione per tutti gli altri.
Non è infatti infrequente che tutti i medici coinvolti a vario titolo nella gestione di un paziente, poi deceduto, vengano inizialmente iscritti nel registro degli indagati, al fine di essere convocati e sentiti, col difensore, dal pubblico ministero con tutte le garanzie procedurali che derivano dall'aver ricevuto l'avviso di garanzia, ma che poi, nel prosieguo delle indagini, emerga che solo alcuni medici possono essere ritenuti responsabili dell'omicidio colposo.
Compito del consulente tecnico del pubblico ministero e dell'indagato è, pertanto, quello di far emergere, rispettivamente, la penale responsabilità o l'estraneità della persona indagata, al fine di portare a dibattimento solo quei medici che possono avere avuto un ruolo determinante (nel senso di aver provocato) il decesso del paziente.
La nomina del consulente tecnico del pubblico ministero presenta alcune peculiarità regolate da apposite norme. La principale differenza, rispetto al consulente tecnico della parte privata, consiste nell'interesse pubblico che regola l'attività del pubblico ministero e nell'obbligo di depositare i risultati della consulenza.
Il dovere del pubblico ministero di svolgere accertamenti anche su fatti e circostanze favorevoli all'indagato (art. 358 c.p.p) deve intendersi riferito anche al consulente tecnico nominato dalla parte pubblica.
Mentre il perito può anche non essere tenuto a rispondere per iscritto ai quesiti formulati, in quanto depone nel corso del processo, il consulente tecnico nominato dal pubblico ministero deve sempre redigere e depositare relazioni scritte.

11. Gli accertamenti tecnici del pubblico ministero

Rinviando al capitolo dedicato agli accertamenti tecnici irripetibili, si vogliono illustrare ora le caratteristiche principali di questi istituti.
Il codice di procedura penale prevede due tipologie di nomina del consulente della pubblica accusa, distinte sulla base della ripetibilità, o meno, dell'indagine tecnica agli artt. 359 e 360. L'autopsia è regolata dall'art. 116 disp. att. e rientra nell'alveo dell'art. 360 cit. e rientra nella categoria degli accertamenti non ripetibili.

Qualora l'accertamento tecnico sia ripetibile, il pubblico ministero nomina un consulente tecnico che svolge l'accertamento in segreto. Il verbale di tale atto è collocato nel fascicolo dell'indagini e verrà inserito nel fascicolo del pubblico ministero se e quando, all'esito dell'udienza preliminare, sarà disposto il rinvio a giudizio (art. 433 c.p.p.). È questo il caso in cui, per accertare la responsabilità penale del medico, il pubblico ministero fa esaminare la cartella clinica (sequestrata) a un esperto.
Questa attività è certamente ripetibile, pertanto non grava sull'organo della pubblica accusa l'onere di avvisare il difensore dell'indagato, anche in considerazione del fatto che spesso proprio questo accertamento è preliminare all'individuazione dei medici responsabili dei danni subito dal paziente. Si può pertanto sostenere che questi accertamenti nel corso dell'attività investigativa servono a delineare e circoscrivere i fatti che saranno contestati nonché a individuare i futuri indagati. Qualora ci fossero già persone sottoposte indagini, resta comunque escluso qualsivoglia obbligo di comunicazione al difensore dell'attività posta in essere dal consulente tecnico del pubblico ministero.
Diversa è invece l'ipotesi in cui debba procedersi ad un accertamento tecnico non ripetibile, come l'autopsia di una salma in caso si sospetti la commissione di un reato (omicidio colposo). In caso di accertamento tecnico irripetibile il pubblico ministero deve (art. 360 c.p.p) dare avviso al difensore della persona indagata (qualora sia stata individuata) del conferimento dell'incarico al suo consulente.
Il codice attribuisce all'accertamento tecnico non ripetibile un'efficacia simile alla perizia, subordinandolo ad un controllo ad opera dell'indagato e delle altre parti interessate.
In questi casi il pubblico ministero dà preavviso all'indagato, all'offeso e ai difensori, i quali possono eventualmente nominare consulenti tecnici che assisteranno al conferimento dell'incarico e parteciperanno gli accertamenti potendo formulare osservazioni e riserve, al fine di garantire una ottimale difesa tecnica.
Il verbale relativo all'accertamento non ripetibile è destinato a confluire nel fascicolo per il dibattimento dopo che sia stato disposto il rinvio a giudizio (art. 431, co. 1 lett *c)* c.p.p.).

CAPITOLO 6 - IL RUOLO DELLE LINEE GUIDA NELL'INDIVIDUAZIONE DELLA COLPA MEDICA. LA LEGGE GELLI E IL SUPERAMENTO DEL DECRETO BALDUZZI[204]

SOMMARIO — 1. La colpa nel diritto penale — 2 Analisi comparata: lo stato della legislazione e della giurisprudenza statunitensi in materia di linee guida — 3. Il modello italiano — 4. Ancora un'analisi comparata. Linee guida e colpa medica nel dibattito americano: il modello Eddy – 5. Dalla "battaglia degli esperti" alla "battaglia delle linee guida" – 6. Il Decreto Balduzzi – 7. Appendice: profili di incostituzionalità – 8. Il disegno di legge e la Gelli-Bianco del 28 febbraio 2017 - 9. Il punto di vista di un anestesista-rianimatore

1. La colpa nel diritto penale[205]

Per addentarci in questo fondamentale capitolo sul valore probatorio delle linee guida interessa dapprima distinguere la colpa nelle due tipiche tipologie: colpa generica e colpa specifica. L'art. 43 del codice penale definisce il reato "*colposo, o contro l'intenzione, quando l'evento, anche se preveduto, non è voluto dall'agente e si verifica a causa di negligenza o imprudenza o imperizia, ovvero per inosservanza di leggi, regolamenti, ordini o discipline*".
La colpa generica deriva, quindi, da tre elementi: l'imprudenza, la negligenza o l'imperizia. L'imprudenza consiste nell'aver agito senza adottare le opportune cautele, con avventatezza, e presuppone una scarsa considerazione degli interessi altrui. La negligenza consiste nell'aver agito senza l'accortezza e l'attenzione che sarebbero state necessarie, cioè senza la necessaria attenzione o sollecitudine. L'imperizia consiste nella inettitudine e nella scarsa preparazione professionale, di cui soggetto è perfettamente cosciente. La colpa specifica deriva dalla inosservanza di leggi, regolamenti, ordini o discipline, cioè dalla violazione di norme che, imponendo determinati

---

204 TODESCHINI, La responsabilità medica, Utet Giuridica, 2016, p. 423 e ss.

205 GASPARRE, in "La Responsabilità Medica" cit., p. 437 e ss.

cautele, mirano a prevenire proprio eventi del tipo cagionato dal soggetto.

Gli elementi costitutivi della colpa sono:

- l'assenza della volontà dell'evento e cioè della lesione o messa in pericolo del bene giuridico protetto dalla norma,
- l'esistenza di una condotta obiettivamente contraria a una norma precauzionale, che sia o meno codificata,
- l'evitabilità dell'evento attraverso il rispetto della norma precauzionale,
- l'esigibilità della condotta cioè la possibilità da parte dell'agente di rispettare la norma precauzionale.

Occorre quindi introdurre il concetto di "linee guida" per capire se queste possano, o meno, essere ricondotte tra i regolamenti, ordini o discipline dell'art. 43 c.p., integrando gli elementi della colpa specifica, o se invece la colpa del medico resti inquadrata nella colpa generica. Le linee guida hanno assunto un peso sempre maggiore nell'attività medica e nell'ambito dei procedimenti penali per responsabilità medica, tanto da essere state oggetto, nel 2012, di un provvedimento normativo noto come Decreto Balduzzi, a cui si rinvia in un paragrafo dedicato.

2. Analisi comparata: lo stato della legislazione e della giurisprudenza statunitensi in materia di linee guida[206]

Negli Stati Uniti il *Practice Guideline Movement*, nato a livello scientifico, ha segnato tappe decisive anche a livello politico e giuridico. Alcuni Stati americani hanno avviato una sperimentazione a livello legislativo incorporando le linee guida nell'ambito della *statutory law*, in modo da conferirvi forza di legge. Negli anni '90 l'Amministrazione Clinton ha varato un piano di riforma della responsabilità civile in materia sanitaria (negli USA la *malpractice* è materia prettamente civilistica) affidando ruolo centrale proprio alle linee guida. Uno dei primi Stati americani ad avviare una sperimentazione in tal senso è stato il Maine, nel cui statuto è stata

---

[206] DI LANDRO, Dalle linee guida a dai protocolli all'individuazione della colpa penale nel settore sanitario. Misura oggettiva e soggettiva della *malpractice*, Giappichelli, 2012, p. 2 e ss.

inserita l'espressa previsione che "i medici in grado di dimostrare che la loro condotta professionale o il trattamento è stato conforme alle appropriate linee guida cliniche non sono responsabili di *medical malpractice*".

Il progetto-pilota del Maine consisteva nel recepire in sede legislativa 20 linee guida cliniche relative alle quattro specialità considerate più affette da costi giudiziari e medicina difensiva (anestesiologia, medicina d'emergenza, ostetricia e ginecologia, radiologia), puntando a risolvere le cause per *malpractice* eliminando il problema di dover ricostruire lo standard curativo in sede giudiziale e, almeno nelle intenzioni, anche il problema di dover ricorrere ai consulenti. L'introduzione delle linee guida nel quadro legislativo richiedeva tre step:

1) ottenere un'ampia partecipazione da parte dei destinatari delle linee guida;

2) assicurare che coloro i quali sviluppavano e indicavano le linee guida fossero pubblicamente responsabili;

3) proteggere i medici che adottavano all'atto pratico le linee guida.

Il progetto di riforma era elaborato e controllato da operatori sanitari, assicurazioni e pazienti. Il comitato di sorveglianza del progetto e i quattro comitati consultivi delle specialità coinvolte, responsabili dello sviluppo delle linee guida, garantivano un'adeguata rappresentanza ai medici nell'ottica di ottenere l'appoggio della comunità scientifica di riferimento, ed un'adeguata rappresentanza a funzionari di estrazione statale al fine di assicurare un coinvolgimento ed una responsabilità di tenore anche pubblicistico. Allo scopo di ottenere la più ampia partecipazione possibile da parte dei medici del Maine, il rispetto delle linee guida venne assunto, dal punto di vista tecnico-processuale, come *absolute affirmative defence*.

Si affermava, pertanto, una presunzione assoluta di conformità a diligenza in caso di azioni giudiziarie per *malpractice*.

La particolarità di questo modello era la possibilità di invocare processualmente le linee guida solo in chiave di discolpante (cd. *exculpatory way*, o, "*one-way street*"). Il paziente non poteva introdurre nel quadro probatorio le linee guida potendo, al limite, contestare l'applicabilità della linea guida al caso clinico in questione e/o la sua effettiva osservanza. Gli scopi della ricezione per via normativa delle linee guida erano sia ottenere un miglioramento della

qualità delle cure e la riduzione della medicina difensiva ma anche, e soprattutto, una riduzione dei costi del servizio sanitario, con un conseguente maggiore accesso alle cure per le fasce basso reddito attraverso una riduzione dei costi delle assicurazioni sanitarie.
La sperimentazione si è conclusa dopo circa 10 anni. Nel tracciare un bilancio la dottrina americana ottenne esiti non univoci per mancanza di dati completi e strumenti appropriati a valutare il grado di influenza della riforma. La scarsità di statistiche disponibili riguardo agli esiti giudiziali della sperimentazione era in parte dovuta anche al fatto che, contemporaneamente alla ricezione legislativa delle linee guida, lo Statuto del Maine aveva cominciato a dare ampio spazio a comitati per lo screening pre-contenzioso delle cause e per la mediazione. Pareva confermata, in ogni caso, la rilevanza extra-processuale delle linee guida ed in particolare il loro effetto deflazionante sul carico giudiziale.
Analizzando il comportamento degli avvocati, ne risultò che le linee guida potevano condizionare, in un rilevante numero di casi, la decisione dei legali dei medici di appianare le liti con compensazioni stragiudiziali, e la decisione dei legali dei pazienti di portare, o meno, il caso in giudizio, ragionando in termini di probabilità di esito favorevole della controversia.
Il modello del Maine ha dimostrato anche che il ricorso alle line guida non consente di escludere in toto il ruolo di consulenti tecnici (*expert testimonies*). Attualmente, le Corti americane che ammettono le linee guida come prova di norma ne consentono la presentazione in giudizio solo per mezzo dei consulenti tecnici di parte e non autonomamente. Dopo il Maine altri Stati americani hanno avviato iniziative legislative di riforma simili.
Nel Minnesota le linee guida sono considerate "*legal standard of care*" in senso esclusivamente difensivo (*exculpatory way*). In caso di adeguamento a tale standard, è prevista una presunzione assoluta di diligenza. In Florida, a differenza del modello del Maine, era stata introdotta la possibilità di un uso bidirezionale (cd. "*two-way street*") delle linee guida in senso sia discolpante che incolpante, sebbene nel solo caso di taglio cesareo.
Seppure il mancato adeguamento alle linee guida non costituisse presunzione assoluta di negligenza, veniva ammesso il diritto anche dei pazienti di utilizzare le linee guida come canone probatorio dello

standard di cura. Anche in Florida, tuttavia, la sperimentazione si è conclusa senza che i dati sulle relazioni tra linee guida, medicina difensiva, premi assicurativi e frequenza delle cause apparissero chiaramente interpretabili.

3. Il modello italiano

In Italia con l'introduzione del Sistema Nazionale Linee Guida (SNLG) si è formata un'articolata è avanzata banca dati gestita dall'Istituto Superiore di Sanità (ISS) e dal Centro nazionale epidemiologia, sorveglianza e promozione della salute (CNESPS), liberamente consultabile su internet. Mutuando la metodologia e le distinzioni proprie del mondo anglosassone, il sistema raggruppa distintamente tutte le linee guida *evidence-base*d raccolte dai professionisti dell'ISS, e quelle prodotte a seguito di Consensus Conferences. È dedicato un apposito spazio alle linee guida regionali, elaborate in conformità al metodo SNLG e, sinora diffuse, in particolare, in Emilia-Romagna, Piemonte e Toscana.
Esistono tuttavia guide nazionali *evidence-based* elaborate da altre articolazioni del Sistema Sanitario Nazionale non riconducibile al SNLG (per es. le linee guida elaborate dall'Agenzia per i Servizi Sanitari Regionali per il trattamento del trauma cranico minore e severo). Dati i costi elevati per la produzione di linee guida *evidence-based*, in molti casi, nel sistema italiano, si amplia la piattaforma degli argomenti e delle materie "coperte" da linee guida con il rinvio a documenti internazionali.
Una banca dati comparativa consente, attraverso tabelle sinottiche, il confronto tra le principali raccomandazioni contenute nelle diverse linee guida reperite a livello internazionale, evidenziando gli aspetti su cui esiste sostanziale accordo, e quelli sui quali, invece, non ci sono indicazioni univoche. La banca dati segnala anche i possibili problemi di trasferibilità delle linee guida internazionali al contesto italiano.
Le linee guida rappresentano, o meglio dovrebbero rappresentare, regole cautelari la cui valenza, nel processo penale, dipende dall'autorevolezza della fonte che le ha prodotte. In Italia, come detto, si è assistito alla progressiva introduzione di un sistema istituzionalizzato e pubblico di sviluppo delle linee guida attraverso il Programma Nazionale per le linee guida, previsto dal Piano Sanitario Nazionale 1998-2000 e dal d.l. 229/1999. Il Ministero della Salute ha

istituito con d.m. 30 giugno 2004, presso l'Istituto Superiore di Sanità, il Sistema Nazionale Linee Guida, a cui è attribuito il compito di elaborare raccomandazioni di comportamento clinico *evidence based*. La banca dati del Sistema Nazionale si pone lo scopo di individuare linee guida che per ogni patologia descrivono le alternative disponibili e le relative possibilità di successo, in modo che il medico possa orientarsi nella gran quantità di informazione scientifica in circolazione. Accanto a questo sistema istituzionalizzato, continuano a coesistere linee guida prodotte da società scientifiche nazionali o internazionali oltre a quelle adottate dalle singole aziende sanitarie o dei singoli dipartimenti.

Esiste pertanto una pluralità di fonti di produzione di linee guida con diversa autorevolezza, la qual cosa rappresenta, indubbiamente, uno dei principali limiti alla loro utilizzabilità in ambito processuale per fondare un giudizio di colpa. Può, infatti, accadere che rispetto al medesimo trattamento diagnostico o terapeutico esistano plurime linee guida, magari ugualmente autorevoli e accreditate nella comunità scientifica.

Per valutare l'adeguatezza delle linee guida è necessario che gli estensori abbiano indicato in modo compiuto il metodo utilizzato (evidenze cliniche, composizione del gruppo di studio, randomizzazione) e gli orientamenti clinici raccomandati (tipologie di pazienti destinatari, rischi e benefici attesi, terapie alternative, costi, *etc.*). Tuttavia, non basta valutare solo l'autorevolezza delle linee guida. Fondamentale è anche la valutazione del loro grado di imperatività e sedimentazione.

Linee guida con bassi livelli di adesione hanno un minor grado di imperatività. La scarsa adesione alle linee guida può dipendere da molteplici fattori, ad esempio la ridotta conoscenza delle stesse da parte dei medici, la ritenuta inapplicabilità al caso concreto oppure la non condivisione delle stesse, in relazione anche al grado di autorevolezza della fonte. Le linee guida presentano lunghi tempi di sedimentazione dal momento che inizialmente devono diffondersi ed essere accolte per poi permettere ai medici di modificare il proprio comportamento nel senso da queste indicato.

Un elemento molto importante è il contenuto e il grado di diligenza adottato e descritto nelle linee guida. A volte viene individuato il miglior trattamento terapeutico, altre ci si limita a individuare lo

standard minimo, facendo riferimento non tanto alle cure ottimali, ma a quelle generalmente praticate. In entrambi i casi i limiti che ne derivano sono non di poco conto. Affidare il riconoscimento di efficacia cautelare alle sole linee guida che adottano il parametro della migliore scienza presenta il pregio di tutelare al meglio i beni giuridici che si vogliono proteggere, tuttavia comporta l'importante limite di non considerare la realtà fattuale in cui i medici operano. Ciò potrebbe alimentare, in prospettiva difensiva, l'allontanamento dalle strutture sanitarie meno efficienti e, quindi, meno sicure. D'altra parte, la scelta di appiattirsi su *standards* medio-bassi non può essere accettabile.
Rispetto al contenuto, le linee guida fondate sul consenso di un (limitato) gruppo di esperti sono meno affidabili di quelle fondate su evidenze scientifiche emerse da sperimentazioni cliniche controllate (*Evidence Based Medicine* - EBM). Queste ultime sono però poco diffuse a causa della mancanza di validi *trials* clinici, e quindi di evidenze scientifiche esaustive, per numerose patologie e attività diagnostiche e terapeutiche.
Va poi rimarcato, ed è a mio avviso il punto nodale, che le linee guida sono costruite in funzione di un uso clinico e terapeutico, quindi al di fuori di un "ottica giudiziaria". Questo rappresenta sempre un punto in cui il consulente tecnico si "arena" perché non è agevole illustrare ai magistrati le conseguenze cui si va incontro quando ci si discosta dai criteri indicati. Questo accade perché le linee guida sono create e ideate per indicare ai medici i criteri terapeutici o diagnostici per ottenere buoni risultati sui pazienti, non per spiegare ai giudici cosa accade nel momento in cui non sono state seguite. Le linee guida, infatti, mirano a ridurre il divario tra conoscenza scientifica e pratica clinica, al fine di migliorare il risultato clinico per il paziente. A nulla rileva, nelle intenzioni di chi le redige, la prevedibilità ed evitabilità dell'evento infausto per il paziente, come invece dovrebbe essere se si trattasse di regole cautelari.
Infine occorre prendere atto che esistono linee guida che si prefiggono scopri ben diversi da quelli della diffusione di metodi uniformi di comportamento per la diagnosi e la terapia. Lo scopo che si prefiggono è, a volte esclusivamente, quello della riduzione della spesa sanitaria. Queste ultime sono pertanto certamente prive di qualsivoglia contenuto autenticamente cautelare.

Si discute da tempo circa la possibilità che il progressivo diffondersi di linee guida e protocolli abbia comportato l'affermazione di regole cautelari scritte ed il conseguente travalicamento, nel campo della responsabilità medica, della colpa generica nella colpa specifica. La codificazione della regola cautelare presenta vantaggi in ordine alla determinatezza e all'accertamento della colpa in quanto, essendo la regola predeterminata, la stessa è conoscibile *ex ante* dal soggetto agente, e quindi il giudice non dovrebbe crearla, ma ne sarebbe (semplice) fruitore. Ciò permetterebbe di eliminare, in punto di accertamento della responsabilità colposa, il ricorso all'agente modello. Ne deriverebbero maggiori garanzie in corso di accertamento giudiziale, in termini di tassatività della colpa.

La previsione scritta della regola di cautela consentirebbe anche una contestazione certa dell'addebito colposo, con conseguente possibilità di meglio delimitare il *thema probandum* e i conseguenti mezzi di prova. Sotto il profilo oggettivo si potrebbe quindi affermare la penale responsabilità per i reati di cui agli artt. 589 e 590 c.p. in conseguenza (e accontentandosi) della mera violazione di linee guida, prescindendo dalla verifica circa l'attribuibilità di tale violazione al soggetto.

Tuttavia, l'art. 27 Cost. impone, per l'attribuzione personale dell'illecito colposo, che il giudice accerti:

- che l'evento sia eziologicamente connesso alla violazione della linea guida (cd. causalità della colpa)
- che tale linea guida fosse volta a prevenire (in quanto norma cautelare) quello specifico evento che poi si è concretamente verificato (cd. nesso di rischio)
- che l'evento non si sarebbe verificato con il rispetto della regola cautelare e, quindi, che con il rispetto della regola fosse prevedibile ed evitabile l'evento lesivo (cd. comportamento alternativo lecito).

Parte della dottrina è favorevole a ritenere che le linee guida e protocolli siano idonei a fondare ipotesi di colpa specifica in quanto riconducibili alla nozione di "discipline" di cui all'art. 43 c.p., intendendo per discipline quelle norme generali emanate da autorità sia pubbliche sia private, allo scopo di fissare determinate regole di comportamento nell'esercizio di un certo tipo di attività. Nell'art. 43 c.p. sarebbero ricompresi, quindi, linee guida, protocolli, regole di

condotta professionale affermate e ritenute valide nell'ambito della comunità scientifica.
Tuttavia, le linee guida, per loro stessa natura, non sono vincolanti per i medici. Di conseguenza non possono essere ricondotte a norme cautelari sulle quali fondare la colpa specifica del medico che non le abbia osservate. Il medico, infatti, mantiene l'assoluta libertà di scelta in ordine al trattamento diagnostico e terapeutico da adottare, adeguandolo al caso concreto e utilizzando le linee guida come parametro di comportamento non vincolante. Pertanto, anche quella linea guida che rispettasse i criteri di regola cautelare perché proveniente da fonte autorevole, sedimentata, con contenuto di diligenza, non sarebbe tuttavia vincolante per il medico, bensì elastica. Rimarrebbero quindi margini di colpa generica che imporrebbero, in sede di accertamento, il ricorso a criteri di matrice deontologica, quindi il ricorso al parametro dell'agente modello.
A questa conclusione è sempre giunta la giurisprudenza, affermando il principio secondo cui tanto l'osservanza delle linee guida, quanto la loro deroga, può essere fonte di responsabilità colposa in capo al medico laddove si ravvisi che le contingenze del caso concreto avrebbero richiesto un diverso comportamento. Secondo la Corte Suprema di Cassazione[207], infatti, "le linee guida non possono fornire indicazioni di valore assoluto ai fini dell'apprezzamento dell'eventuale responsabilità del sanitario, sia per la libertà di cura, che caratterizza l'attività del medico (...), sia perché (...) in taluni casi, le linee guida possono indubbiamente essere influenzate da preoccupazioni legate al contenimento dei costi sanitari oppure si palesano obiettivamente controverse, non unanimamente condivise oppure non rispondenti ai progressi nelle more verificatisi nella cura della patologia (...)".
Pur nel rispetto delle linee guida rimane la possibilità per il giudice di valutare la condotta del medico alla luce del parametro dell'agente modello e di criticarne l'appiattimento alle linee guida. Le linee guida che possono avere rilevanza nell'accertamento della responsabilità colposa sono solo quelle che fanno riferimento a *standards* elevati di diligenza, conformi alla migliore scienza ed esperienza.
In altra sentenza la Corte Suprema di Cassazione ha affermato che "non esime da colpa il medico l'aver rispettato linee guida che

---

207 Cass. pen., sez IV, 24 gennaio 2013, rv. n. 16237

antepongono ragioni economiche alla tutela della salute e che siano in contrasto con l'esigenza di cura del paziente. Non può andare esente da colpa il medico che si lasci condizionare dalle linee guida, rinunciando al proprio compito e degradando la propria professionalità e la propria missione a livello ragionieristico"[208].
In una sentenza del 2012 la Suprema Corte ha affermato che "occorre comprendere qual è la logica nella quale si è formata una prassi di comportamento, perché spesso le linee guida sono frutto di scelte totalmente economicistiche, sono ciniche o pigre, e dunque non è detto che le linee guida siano un punto di approdo definitivo. A volte le linee guida sono obsolete o inefficaci, e dunque anche sulle linee guida occorre posare uno sguardo speciale, occorre attenzione e cautela; le linee guida non sono la soluzione dei problemi"[209].
Insomma, la *junk science*[210] può trovare dimora anche nelle linee guida. Da qui deriva la pericolosità di attribuire a tali linee guida valore di regola cautelare (con la conseguenza di travalicare nell'alveo della colpa specifica in caso di loro inosservanza) non essendo possibile istituire un "filtro" che ne valuti la qualità e l'attendibilità, impedendo che sia pubblicata scienza spazzatura.
Si potrebbero fare valutazione diverse per i protocolli. A differenza delle linee guida, i protocolli si caratterizzano per il loro grado di precisione e di vincolatività e, soprattutto per i contenuti autenticamente preventivi che consentono, quindi, una più ampia riconducibilità alla nozione di disciplina e, soprattutto, di regola cautelare di cui all'art. 43 c.p.
Va evidenziato che le buone pratiche sono spesso trasfuse in protocolli. In realtà i protocolli non esauriscono tutto il panorama delle buone pratiche perché non necessariamente ciò che è buona pratica deve essere trasfuso in questo strumento. Tuttavia, i protocolli, ove riconosciuti quali atti che formalizzano regole cautelari vincolanti

---

[208] Cass. pen., sez IV, 2 marzo 2011, n. 8254 in "Dir. pen. proc.", 2011, p. 547

[209] Cass. pen., sez. IV, 1 febbraio 2012, n. 4391, P.C., in "CED rv." 251941

[210] La Junk Science (o scienza spazzatura) si traduce in affermazioni apparentemente basate sui risultati di analisi ad alta complessità ma in realtà carenti di rigore logico e soprattutto prive di ogni effettiva valenza scientifica (RIVELLO, La prova scientifica, cit., p. 66)

per il medico nell'esercizio della sua attività, potrebbero rivelarsi strumenti validi per individuare i soggetti penalmente responsabili nel caso di divisione del lavoro. I protocolli individuano la corretta sequenza comportamentale che si deve applicare da parte del soggetto che di volta in volta è il responsabile della sequenza.
Ad esempio, i protocolli medici (raccomandazione pubblicata dall'Osservatorio buone pratiche) prevedono che il conteggio e la verifica dell'integrità degli strumenti chirurgici, come i ferri e le garze, sia effettuata dal personale infermieristico, mentre sul chirurgo incomberebbe il solo obbligo di verificare solo che detto conteggio sia stato effettuato e non certamente il dovere ripeterlo. Di conseguenza, si potrebbe muovere un rimprovero colposo solo al cd. *ferrista*, in caso di dimenticanza nelle viscere del paziente di uno strumento chirurgico, in quanto solo lui non avrebbe dominato quell'area di rischio che la regola cautelare intendeva governare. Tuttavia è stata affermata più volte in giurisprudenza la responsabilità dell'intera *équipe*[211].
La prassi giudiziaria italiana valuta la condotta del medico basandosi sulle indicazioni contenute nelle linee guida, interpretando il contenuto e la forza precettiva con l'ausilio del consulente tecnico. Le linee guida sono quindi diventati strumenti indirettamente utilizzati dal giudice per decidere il processo. In Italia le linee guida sono utilizzate sia in senso incolpante, cioè in chiave accusatoria, sia in senso discolpante.
Ad esempio, la Suprema Corte ha ritenuto in colpa lo psichiatra che nel trattamento medico di un paziente affetto da una grave forma di schizofrenia paranoide in fase di parziale compenso, senza alcuna gradualità e senza osservare le linee guida che prevedono riduzioni non superiore al 20% ogni volta, e con intervalli tra i tre e i sei mesi, aveva ridotto alla metà la terapia farmacologica in precedenza praticata per poi sospenderlo integralmente senza un'adeguata osservazione delle conseguenze sul paziente e senza tener conto degli episodi di scompenso verificatisi sia prima che dopo il mutamento terapeutico, contribuendo così, con la sua condotta colposa, alla grave

[211] Cass. pen., sez. IV, 26 maggio 2004, rv. n. 39062; id. 13 maggio 2008, rv. n. 19506

crisi psicotica che aveva colpito il paziente. Tale crisi poteva, quindi, essere ritenuta prevedibile in base alla situazione clinica preesistente[212].
Viceversa le linee guida sono state utilizzate in senso discolpante portando all'assoluzione di alcuni cardiologi dall'accusa di omicidio colposo, per sopraggiunta trombosi a seguito di intervento di colecistectomia, poiché "il trattamento cui era stata sottoposta la paziente era perfettamente corrispondente alle indicazioni generali dei protocolli medici, che a riguardo prevedevano la sospensione della terapia anticoagulante da tre a cinque giorni prima dell'intervento e fino a tre giorni dopo l'intervento"[213]. In questo caso la condotta dei medici imputati era stata valutata "conforme alle linee guida dettate dal trattato di cardiologia di E. Braumwald riconosciuto come la Bibbia dei cardiologi mondiali".

4. Ancora un'analisi comparata. Linee guida e colpa medica nel dibattito americano: il modello Eddy

Ai fini della valutazione della rilevanza delle linee guida nella ricostruzione della colpa professionale punto di nodale importanza è il rapporto tra linee guida e pratiche mediche prevalenti, o diffuse. Come già evidenziato si tratta di comprendere se le linee guida individuano un livello minimo, basilare, di diligenza ordinariamente diffusa, oppure pongono idealmente l'asticella dello standard cautelare al più alto livello della migliore scienza ed esperienza del momento storico in uno specifico settore.
Una distinzione possibile è quella formulata da Eddy (uno dei fondatori del *guideline movement*) tra *standards*, linee guida e opzioni. Gli *standars* si basano su una solida conoscenza delle conseguenze, sul piano sia sanitario sia economico, di un determinato trattamento. La loro conoscenza è virtualmente unanime e la loro applicazione deve essere rigida. Le eccezioni saranno, pertanto, rare e difficili da giustificare. Ne consegue che la violazione di uno standard dovrebbe innescare l'addebito di *malpractice*.
L'elaborazione di linee guida richiede, invece, una conoscenza certamente ampia dei risultati di un trattamento, condivisi (o non) da

---

212 Cass. pen., sez. IV, 14 novembre 2007, Pozzi, in Foro it., 2008, II, 279
213 Cass. pen., sez. IV, 2 marzo 2007, n. 19354

un apprezzabile ma non unanime gruppo di soggetti. Per quanto il margine di incertezza sui risultati debba essere ristretto, in modo da consentire decisioni affidabili, le linee guida sono destinate a una maggiore flessibilità di applicazione. Le linee guida dovrebbero essere seguite nella maggior parte dei casi ma si riconosce che, in relazione al paziente, alle situazioni contingenti e ad altri fattori, esse possono e anzi dovrebbero essere adattate alle esigenze individuali. Le deviazioni dalle linee guida saranno abbastanza frequenti e possono essere giustificate dalle differenti circostanze individuali. La deviazione da una linea guida di per sé non implica *malpractice*.
Nelle mere opzioni si collocano tutte le altre raccomandazioni. Le opzioni sono neutrali rispetto alla raccomandazione di un trattamento e lasciano i medici liberi di intraprendere qualsiasi strada.

5. Dalla "battaglia degli esperti" alla "battaglia delle linee guida"[214]

Nel dibattito statunitense uno dei principali argomenti a favore dell'utilizzo processuale delle linee guida è che queste indicano in maniera più chiara e rapida la direzione corretta nella ricostruzione giudiziale dello *standard of care*, riducendo il ruolo dei consulenti tecnici.
Tuttavia le linee guida non possono sostituirsi in toto agli esperti che conservano una funzione di supporto nei confronti delle stesse. Le linee guida possono influenzare positivamente la dinamica processuale, svolgendo un ruolo centrale dal punto di vista soprattutto probatorio, se rispondono alle seguenti condizioni:

1) le linee guida devono adattarsi alla causa
2) devono essere ampiamente accettate
3) devono essere acquisite nella pratica clinica
4) devono essere lineari e facilmente interpretabili

Dal momento che possono essere presenti diverse linee guida tra loro non coordinate sistematicamente né organizzate secondo una precisa gerarchia, emerge il rischio che alla "*battaglia degli esperti*" possa sostituirsi una "*battaglia delle linee guida*". Una ulteriore conseguenza si rifletterebbe anche sul ruolo dei consulenti tecnici i

---

[214] DI LANDRO, Dalle linee guida e dai protocolli alla individuazione della colpa penale cit., p. 68 e ss.

quali, invece che disquisire in merito alla mera certificazione dell'esistenza di una particolare linea guida e alla verifica della sua pertinenza al caso concreto, potrebbero discutere anche rispetto ai rapporti che intercorrono tra le stesse aumentando, di fatto, l'incertezza probatoria.
In conclusone, le linee guida, come già sottolineato, sono costruite in funzione di un assetto tipicamente clinico, o terapeutico, e non in funzione dell'evitabilità dell'evento (morte o lesioni), come si richiede invece alle tre condizioni specificamente utilizzabili per l'accertamento della colpa penale ai sensi degli artt. 589-590 c.p.
Per poter essere correttamente valorizzate in sede giudiziaria, ed in particolare nel processo penale, le linee guida devono essere sottoposte a un preliminare filtro, volto a selezionare le indicazioni connesse con la realizzazione degli eventi di danno, anziché con generici pericoli, subendo una riformulazione in funzione dell'evitabilità dell'evento-morte o lesioni. Le regole cautelari andrebbero quindi strutturate in senso preventivo assumendo come oggetto comportamenti specifici, permettendo di accertare che l'evento concreto, ovvero l'evento-tipo della fattispecie legale, sia evitabile mediante l'adozione delle precauzioni.
La "validazione" delle linee guida, ad uso penalistico, richiedendo competenze e sensibilità sia tecnico-scientifiche sia propriamente giuridiche, non appare immediata.

6. Il Decreto Balduzzi [215]

Il c.d. decreto Balduzzi ha accolto le istanze di depenalizzazione delle attività sanitarie provenienti dal mondo medico apportando, tuttavia, un cambiamento molto limitato, avendo depenalizzato le condotte del sanitario connotate dalla sola colpa lieve, nei soli casi in cui costui si sia attenuto alle linee guida e alle buone pratiche accreditate dalla comunità scientifica; in tal caso la colpa consisterebbe nel non essersi discostato, pur dovendolo fare, per la miglior cura del paziente, da tali indicazioni generali.
Si segnala fin da ora che la depenalizzazione effettivamente attuata dal legislatore è di scarsa portata e la sua applicazione molto limitata rispetto alla casistica di responsabilità medica penale.

---

[215] TODESCHINI, La responsabilità medica, UTET Giuridica 2016

Si tratta di una legge scritta male che ha dato origine a una difficile esegesi, tentata dalla Corte Suprema di Cassazione, e che ha suscitato concreto dubbi di incostituzionalità.
Al centro del dibattito c'è l'art. 3, co. 1 d.l. 13 settembre 2012, n. 158 convertito con con l. 8 novembre 2012, n. 189: "*l'esercente la professione sanitaria che nello svolgimento della propria attività si attiene a linee guida e buone pratiche accreditate dalla comunità scientifica non risponde penalmente per colpa lieve. In tali casi resta fermo l'obbligo di cui all'articolo 2043 del codice civile. Il giudice anche nella determinazione del risarcimento del danno, tiene debitamente conto della condotta di cui al primo periodo*". In merito al primo periodo del comma 1, di rilevanza penalistica, le questioni da porsi sono due: la prima riguarda la possibilità che la gravità della colpa inerisca ai fini di incriminazione oltre che alla (tradizionale) graduazione della pena, la seconda riguarda invece la modalità di valutazione della gravità della colpa.
La Corte di Cassazione ha cercato di dare una lettura costruttiva del comma citato tentando di delimitarne l'ambito di applicazione. Ci si riferisce alla Cass. pen., sez. IV, 29 gennaio 2013, n. 16237 relativa ad un caso in cui un paziente sottoposto a intervento di ernia discale recidivante era morto a seguito della lesione, provocata durante l'intervento, della vena e arteria iliache. A nulla era valso il tentativo di rimediare con laparotomia. I giudici di merito avevano discusso delle linee guida e delle buone pratiche cliniche in relazione alle modalità di esecuzione del primo intervento. La questione era stata riproposta con i motivi di ricorso per Cassazione. Nel frattempo era stato promulgato il "decreto Balduzzi" e la Suprema Corte ha colto l'occasione per pronunciarsi in modo approfondito sulla nuova norma. Il procuratore generale aveva mosso considerazioni critiche sulla norma affermando: "non è facile comprendere come possa configurarsi colpa nel caso in cui vi sia stata l'osservanza delle linee guida e delle buone pratiche terapeutiche"[216].
La Corte pur ammettendo la fondatezza delle perplessità manifestate dal procuratore generale ha esortato ad adottare una prospettiva costruttiva nell'esaminare la norma per poterne cogliere la portata affermando che "la disciplina si presenta in più punti laconica e

[216] Cass. pen., sez IV, 29 gennaio 2013, n. 16237, DPP, 2013, 6, 651

incompleta; che non corrisponde appieno alle istanze maturate nell'ambito del lungo dibattito dottrinale e della vivace, tormentata giurisprudenza in tema di responsabilità medica (...).
Orbene, già ad una prima lettura risulta chiaro che due sono i tratti di nuova emersione. Da un lato la distinzione tra colpa lieve e colpa grave, per la prima volta normativamente introdotta nell'ambito della disciplina penale dell'imputazione soggettiva. Dall'altro la valorizzazione delle linee guida e delle virtuose pratiche terapeutiche, purché corroborate dal sapere scientifico"[217].
Vengono così individuati i problemi ermeneutici che stanno alla base della corretta applicazione della norma: la distinzione tra colpa lieve e grave (la vera novità nell'ambito della dogmatica della colpa) e la definizione delle linee guida.
Sulle linee guida la Corte afferma: "per il terapeuta come per il giudice, le linee guida non costituiscono uno strumento di precostituita, ontologica affidabilità (...). Anche nell'ambito delle linee guida non è per nulla privo di interesse valutare le caratteristiche del soggetto o della comunità che le ha prodotte, la sua veste istituzionale, il grado di indipendenza da interessi economici condizionanti. Rilevano altresì il metodo dal quale la linea guida è scaturita, nonché l'ampiezza e la qualità del consenso che si è formato attorno alla direttiva.
Il legislatore ha evidentemente inteso la delicatezza del problema e ne ha indicata la soluzione, rapportando le linee guida e le pratiche terapeutiche all'accreditamento presso la comunità scientifica. Il terapeuta, dunque, potrà invocare il nuovo, favorevole parametro di valutazione della sua condotta professionale, solo se si sia attenuto a direttive solidamente fondate e come tali riconosciute. Si tratta di una prima, importante enunciazione normativa. La legge propone un modello di terapeuta attento al sapere scientifico, rispettoso delle direttive formatesi alla stregua di solide prove di affidabilità diagnostica e di efficacia terapeutica, immune da tentazioni personalistiche. Tale responsabile, qualificato approccio alla difficile professione giustifica, nella valutazione del legislatore, l'attribuzione di rilievo penale alle sole condotte annotate da colpa non lieve"[218].

---

[217] Cass. pen., sez IV, 29 gennaio 2013, n. 16237, DPP, 2013, 6, 651
[218] Cass. pen., sez IV, 29 gennaio 2013, n. 16237, DPP, 2013, 6, 651

Ne deriva che per poter applicare la legge "Balduzzi" il giudice dovrà innanzitutto individuare e indicare con precisione le linee guida relative al caso in esame, altrimenti non sarebbe possibile verificare che esse siano accreditate dalla comunità scientifica nel significato fornito dalla Suprema Corte[219].
La colpa del medico, a cui fa riferimento la sentenza, è quella del sanitario che si sia attenuto alle linee guida pur dovendosene discostare. La sentenza citata fornisce una interpretazione della norma in questa direzione, che pare essere la sola logicamente possibile: "le linee guida, a differenza dei protocolli e delle *checklist*, non indicano una analitica, automatica successione di adempimenti, ma propongono solo direttive generali, istruzioni di massima, orientamenti. Esse, dunque, vanno in concreto applicate senza automatismi, ma rapportandole alle peculiari specificità di ciascun caso clinico. Potrà ben accadere, dunque, che il professionista debba modellare le direttive, adattandole alle contingenze che momento per momento gli si prospettano nel corso dello sviluppo della patologia e che, in alcuni casi, si trovi a dovervi addirittura derogare radicalmente. Il legislatore ha evidentemente tenuto conto di tale situazione, disciplinando l'evenienza di un terapeuta rispettoso delle "istruzioni per l'uso" e tuttavia in colpa.
Potrà ben accadere che il professionista si orienti correttamente in ambito diagnostico o terapeutico (...) inquadri correttamente il caso nelle sue linee generali e tuttavia, nel concreto farsi del trattamento, commetta qualche errore pertinente proprio all'adattamento delle direttive di massima alle evenienze ed alle peculiarità che gli si prospettano nello specifico caso clinico. In tal caso, la condotta sarà soggettivamente rimproverabile, in ambito penale, solo quando l'errore sia non lieve. Non solo. Potrà pur accadere che, sebbene in relazione alla patologia trattata le linea guida indichino una determinata strategia, le già evocate peculiarità dello specifico caso suggeriscano addirittura di discostarsi radicalmente dallo standard, cioè di disattendere la linea d'azione ordinaria.

---

[219] PIRAS, Al di là delle linee guida e delle buone pratiche: una revoca di sentenza "praeter-Balduzzi", in "Diritto Penale Contemporaneo", 2013

Anche in tale ambito trova applicazione la nuova normativa. Nella logica della novella il professionista (...) sarà censurabile, in ambito penale, solo quando l'acritica applicazione della strategia ordinaria riveli un errore non lieve (…). Tale disciplina, naturalmente, trova il suo terreno d'elezione nell'ambito dell'imperizia"[220].
Per potere applicare la norma occorre quindi verificare l'esistenza di linee guida accreditate e la loro precisa indicazione e quindi, successivamente, discutere dell'opportunità di discostarsi dalle stesse. Deve, cioè, addebitarsi al medico l'aver causato una lesione alla salute del paziente proprio per il fatto di essersi attenuto alle linee guida, cosa che non si sarebbe verificata nel momento in cui le stesse fossero state disattese[221]. Pertanto, non potrà essere invocata la norma in questione ove il medico si sia discostato dalle linee guida: in questo caso il medico continuerà a rispondere per eventi lesivi alla salute del paziente cagionati da colpa qualunque ne sia il grado, senza cioè che sia necessario indagare sul grado della colpa[222].
In conclusione riprendendo la sentenza della Corte Suprema di Cassazione n.16237/2013 "l'indagine sulla correttezza della condotta medica potrà esulare dall'ambito segnato da accreditate direttive scientifiche. Ciò potrà senz'altro accadere quando tali direttive manchino o quando la questione di cui si discute nel processo concerna comunque un aspetto del trattamento che esuli dal tema dell'aderenza alle ridette linee guida"[223].
Si evince pertanto che la portata del "decreto Balduzzi" è piuttosto limitata perché ha comportato una *abolitio criminis* della colpa lieve solo per i casi sopra delineati, essendo rimasta integra la punibilità delle condotte connotate da colpa lieve in tutti gli altri casi. Questa portata limitata può invece avere sviluppi pratici molto preoccupanti in quanto la norma rischia di cagionare l'effetto opposto rispetto a quello atteso. Mentre l'intenzione era ridurre il ricorso alla medicina difensiva, in concreto questa potrà essere incentivata.

---

[220] Cass. pen., sez IV, 29 gennaio 2013, n. 16237, DPP, 2013, 6, 651

[221] in senso conforme vedere anche Cass. pen., sez. IV, 19 gennaio 2015, n.130

[222] PIRAS, Attenersi o non attenersi alle linee guida? Questo è il dilemma nel post Balduzzi, in Diritto Penale Contemporaneo, 2013

[223] Cass. pen., sez IV, 29 gennaio 2013, n. 16237, DPP, 2013, 6, 651

Altra grande questione sollevata dalla norma in commento è la distinzione tra colpa lieve e colpa grave ai fini della punibilità. Il nostro ordinamento ha previsto questa distinzione solamente ai fini di graduazione della pena ex art. 133 c.p.
La norma in oggetto fa invece dipendere la ricorrenza, o meno, di un reato dal grado della colpa creando enormi problemi domatici. Un aiuto nell'esegesi è dato dalla sentenza della Suprema Corte di Cassazione sopra citata che alla luce della teoria generale del reato "esclude senz'altro che si sia configurata un'esimente. Infatti, non si è in presenza di una giustificazione (...) ne può pensarsi ad una scusante, cioè ad una causa di esclusione della colpevolezza"[224].
Secondo la dogmatica del reato colposo la colpa consiste nella violazione di una regola cautelare, cioè di un precetto che prescrive come comportarsi in una determinata situazione in modo da non cagionare lesioni di beni giuridici protetti. Le possibilità previste sono pertanto solamente due: l'agente o avrà rispettato la regola cautelare, quindi non sarà in colpa, oppure non l'avrà rispettata, violandola, e allora sarà in colpa. Se si afferma che il grado della colpa, cioè la gravità della violazione della regola cautelare, costituisca il discrimine dell'integrazione del reato, vuol dire creare un cortocircuito logico nel sistema.
A complicare il già difficile panorama interpretativo si pone il problema della distinzione tra colpa lieve e colpa grave alla luce della totale assenza di definizioni legislative. In dottrina, ai fini della graduazione della pena, si è sempre utilizzato un criterio oggettivo, in base al quale la colpa è tanto più grave quanto più marcata è la distanza della condotta concretamente attuata dall'agente da quella che sarebbe stata rispettosa della regola cautelare.
Il problema che pone il "decreto Balduzzi" è che la norma deve essere applicata in situazioni in cui le regole cautelari generali (linee guida e buone pratiche) sono state rispettate, ma in cui le regole cautelari specifiche avrebbero imposto di violare quelle generali. "La colpa assumerà connotati di grave entità solo quando l'erronea conformazione dell'approccio terapeutico risulti marcatamente

224 Cass. pen., sez IV, 29 gennaio 2013, n. 16237, DPP, 2013, 6, 651

distante dalle necessità di adeguamento alle peculiarità della malattia, al suo sviluppo, alle condizioni del paziente"[225].

L'unico elemento che può dirsi acquisito è che il "decreto Balduzzi" ha operato una *abolitio criminis* parziale dei reati di lesioni colpose ed omicidio colposo con tutte le conseguenze derivanti ex art 2 c.p. sulla successione delle leggi penali, in particolare su una norma penale di favore.

La Suprema Corte in una diversa pronuncia diversa da quella ampiamente menzionata ha ulteriormente delineato l'ambito di applicazione della norma in commento assumendo che: "*le linee guida (...) riguardano e contengono solo regole di perizia e non afferiscono ai profili di negligenza e di imprudenza (...). Si distingue tra colpa lieve e colpa grave, solo limitatamente ai casi nei quali si faccia questione di essersi attenuti a linee guida e solo limitatamente a questi casi viene forzata la nota chiusura della giurisprudenza che non distingue fra colpa lieve e grave nell'accertamento della colpa penale. Tale norma non può, invece, involgere ipotesi di colpa per negligenza o imprudenza perché le linee guida contengono solo regole di perizia*"[226].

Ciò comporta che il medico possa invocare la non punibilità del reato solo qualora l'elemento psicologico della colpa consista nell'imperizia, ma non qualora la condotta sia stata negligente o imprudente. Tale argomentazione è stata confermata anche recentemente[227].

Può accadere, tuttavia, che un medico non si discosti dalle linee guida, quando dovrebbe, per negligenza, per appiattimento culturale o perché non è stimolato a fare ulteriori accertamenti sul caso specifico del singolo paziente affidato alle sue cure. In tal caso sarà allora punibile, essendo in questo caso non l'imperizia ma la negligenza a connotare la colpa.

La norma, da qualunque punto la si esamini, nasconde insidie esegetiche non di poco conto.

---

[225] Cass. pen., sez IV, 29 gennaio 2013, n. 16237, DPP, 2013, 6, 651

[226] Cass. pen., sez. I , 24 gennaio 2013, n. 11493, DPP, 2013, 5, 536

[227] Cass. pen., sez IV, 20 marzo 2015, n. 16944

7. Appendice: profili di incostituzionalità

Da ultimo vanno esaminati i profili di sospetta incostituzionalità, sollevati con ordinanza dal Tribunale di Milano ma rigettati dalla Corte Costituzionale.

"L'art. 3 del d.l. n. 158/2012 conv. dalla legge n. 189/2012 detta una non punibilità dei confini equivoci, non delimitabile con la mera interpretazione, esclusiva per tutti gli esercenti la professione sanitaria, per qualsiasi reato colposo, non definendo la colpa lieve, non identificando le linee guida, le buone prassi e le autorità che dovrebbero codificarle, avvilendo la libertà di scienza, discriminando in modo ingiustificabile tra operatori pubblici sanitari e non sanitari, tra operatori sanitari e non, che si occupano dei medesimi beni giuridici: una norma *ad professionem* da cui sorgono dubbi sul rispetto dei principi costituzionali ex artt. 3, 24, 25, 27, 28, 32, 33,111 Cost. (il Tribunale di Milano, in composizione monocratica, visti gli artt. 134 Cost. e la legge n. 87/1953 dichiara rilevante e non manifestamente infondata la questione di legittimità costituzionale (...)"[228]. Il Tribunale di Milano elenca questa serie di violazioni:

- la norma violerebbe il principio di legalità e tassatività, perché la mancata definizione del concetto di colpa lieve lascerebbe spazi troppo anzi alla discrezionalità del giudice, perché il concetto di "linee guida e buone pratiche accreditate dalla comunità scientifica" sarebbe non sufficientemente determinato, non venendo specificato dalla norma quali possano essere le fonti delle linee guida e delle buone pratiche, quali le autorità titolate a produrre, quali metodi per la verifica delle stesse e quale la pubblicità che devono avere affinché possono considerarsi conoscibili
- la norma violerebbe il principio della libertà dell'arte, della scienza e del relativo insegnamento, con ciò tradendo la *mission* che si prefiggeva, cioè il superamento della medicina difensiva, essendo "l'area di non punibilità ingiustificatamente premiale per coloro che manifestano acritica e rassicurante adesione alle linee guida o alle buone prassi ed è altrettanto ingiustificatamente avvilente e penalizzante per chi se ne discosta con una pari dignità scientifica. Si consideri inoltre che il sistema delineato dalla norma in parola sostanzialmente promuove la produzione di linee guida perché

---

[228] Trib. Milano 21 marzo 2012, Il caso.it, 2013

costituiscono il perimetro della non punibilità entro il quale l'operatore sanitario trova riparo venendo graziato dalla colpa lieve. Quindi induce alla costituzione e alla redazione di linee guida, o comunque alla individuazione di buone pratiche da codificare automaticamente, bloccando l'evoluzione del pensiero scientifico e la sperimentazione clinica. La conseguenza di tale irragionevole e quindi iniquo trattamento è il risultato deprimente per la libertà dei sentieri e lo sviluppo scientifico"[229].

- la norma violerebbe il principio di ragionevolezza e uguaglianza perché avrebbe un ambito applicativo troppo esteso sia dal punto di vista soggettivo, sia dal punto di vista oggettivo. Essa riguarderebbe infatti non solo i medici, cioè i soli soggetti preposti ad adottare scelte diagnostiche e terapeutiche con il rischio di farsi guidare da principi di medicina difensiva (il cui superamento era alla base delle istanze di depenalizzazione) bensì riguarderebbe tutti gli operatori sanitari compresi ad esempio i veterinari, farmacisti, biologi, psicologi. Dal punto di vista oggettivo, l'esonero da responsabilità penale non riguarderebbe solo i reati di lesioni e omicidio colposi, bensì qualsiasi reato colposo connotato da colpa lieve. Secondo il giudice a quo questa eccessiva dilatazione sarebbe aberrante e ingiustificata rispetto alla ratio della norma. Si verrebbe inoltre a violare anche il principio di ragionevolezza e uguaglianza, perché in caso di fatti commessi in cooperazione colposa tra un operatore sanitario e un soggetto privo di tale qualifica, il primo non risponderebbe per colpa lieve mentre il secondo sì. Sarebbe violato lo stesso principio di uguaglianza perché si verrebbe a creare una ingiustificata disparità di trattamento tra dipendenti pubblici: i sanitari avrebbero un salvacondotto per colpa lieve, mentre gli altri dipendenti pubblici che pur hanno a che fare con i medesimi beni giuridici non potrebbero beneficiarne". Il differente trattamento appare sostanzialmente un privilegio, irragionevole e ingiustificato, riservato ai soli dipendenti pubblici esercenti una professione sanitaria, in contrasto con il principio *ex* art. 28 Cost. in forza del quale tutti funzionari dipendenti dello Stato e degli enti pubblici sono direttamente responsabili, secondo le leggi penali (...) degli atti compiuti in violazione di diritti"[230].

---

[229] Trib. Milano 21 marzo 2012, Il caso.it, 2013

[230] Trib. Milano 21 marzo 2012, Il caso.it, 2013

- la norma violerebbe i principi di equa ed effettiva tutela giudiziaria, perché creerebbe un vuoto di tutela in sede penale della persona offesa da condotte comunque (anche se lievemente) colpose
- la norma violerebbe il principio della funzione rieducativa della pena.

Con ordinanza 6 dicembre 2013, n. 295 la Corte Costituzionale ha dichiarato manifestamente inammissibile la questione di legittimità costituzionale sollevata dal tribunale di Milano per difetto di adeguata motivazione in ordine alla sua rilevanza. L'insufficiente descrizione della fattispecie concreta da parte del tribunale remittente avrebbe impedito alla Corte la verifica della rilevanza della questione nel giudizio a quo.

Restano forti le perplessità e seri i dubbi di incostituzionalità nonostante il rigetto della Consulta.

8. Il disegno di legge e la Gelli-Bianco del 28 febbraio 2017[231]

Il 16 gennaio 2017 è stato approvato in Senato il disegno di legge Gelli-Bianco, recante "*Disposizioni in materia di sicurezza delle cure e della persona assistita, nonché in materia di responsabilità professionale degli esercenti le professioni sanitarie*".

Sul versante penalistico, nell'intento di contrastare il fenomeno della c.d. medicina difensiva, si agisce sui fattori critici emersi dall'applicazione della legge Balduzzi, tentando di assicurare maggiore garanzia e tutela agli operatori sanitari. I due pilastri della riforma consistono

1) nella dettagliata disciplina delle *buone pratiche clinico-assistenziali e delle raccomandazioni previste dalle linee guida*

2) l'introduzione nel codice penale di un nuovo articolo, concernente la *responsabilità colposa per morte o per lesioni personali in ambito sanitario.*

Si raccomanda pertanto una (tendenziale) obbligatorietà per gli esercenti la professione sanitaria del rispetto di buone pratiche e raccomandazioni contenute nelle linee guida (*tendenziale* perché sono

---

[231] CUPELLI, Alle porte la nuova responsabilità penale degli operatori sanitari. Buoni propositi, facili entusiasmi, prime perplessità, in "Diritto Penale Contemporaneo", 16 gennaio 2017.

fatte salve le specificità del caso concreto); sono accreditate *-id est*: certificazione di attendibilità- tali fonti, inseriti in un apposito elenco, in modo da renderle più facilmente reperibili; si limita alla sola imperizia l'innalzamento del grado di colpa punibile. Viene pertanto esclusa, per legge, la colpa grave allorquando, fatte salve le rilevanti specificità del caso concreto, l'esercente la professione sanitaria avesse rispettato le "*buone pratiche clinico-assistenziali e le raccomandazioni previste dalle linee guida come definite e pubblicate ai sensi di legge*". Si consolidano, pertanto, le regole cautelari del settore medico e si conferma la scelta di una graduazione della colpa, arricchita da una netta presa di posizione sul margine di operatività dell'innalzamento del livello di responsabilità alla colpa grave.
Nel testo emendato dalla commissione Igiene e Sanità del Senato e approvato dall'aula del Senato sono state apportate significative modifiche. All'art. 5 si sono ulteriormente dettagliate le procedure di accreditamento di linee guida e buone pratiche. Inoltre, mentre nella versione originaria si faceva riferimento, per la loro elaborazione, a società scientifiche iscritte in un apposito elenco, nell'ultima versione il compito è attribuito ad enti e istituzioni pubblici e privati (non meglio precisati), nonché alle società scientifiche e alle associazioni tecnico-scientifiche delle professioni sanitarie, iscritti in un apposito elenco, istituito e regolamentato con decreto del Ministro della salute, aggiornato con cadenza biennale. Si prevede poi che le linee guida siano integrate nel Sistema nazionale per le linee guida (SNLG) e pubblicate nel sito *internet* dell'Istituto superiore di sanità, previa verifica sia della conformità della metodologia adottata a *standards* definiti e resi pubblici dallo stesso Istituto sia della rilevanza delle evidenze scientifiche dichiarate a supporto delle raccomandazioni.
L'art. 6, come rimodellato dal Senato, aggiunge, al comma 1, un nuovo articolo 590-*sexies* al codice penale: "*se i fatti di cui agli articoli 589 e 590 sono commessi nell'esercizio della professione sanitaria, si applicano le pene ivi previste salvo quanto disposto dal secondo comma*", per il quale "*qualora l'evento si è verificato a causa di imperizia, la punibilità è esclusa quando sono rispettate le raccomandazioni previste dalle linee guida come definite e pubblicate ai sensi di legge ovvero, in mancanza di queste, le buone tra pratiche clinico assistenziali, sempre che le raccomandazioni previste dalle predette linee guida risultino adeguate alle specificità del caso*

concreto". Si accompagna, al terzo comma, l'espressa abrogazione dell'art. 3 della legge 189 del 2012.
Le buone pratiche clinico assistenziali, rispetto tanto alla legge Balduzzi, quanto alla versione approvata alla Camera, vengono ora collocate in una posizione suppletiva rispetto alle linee guida.
Ci si riavvicina pertanto all'orientamento formatosi in seno alla giurisprudenza penale prima della legge Balduzzi, in particolare al principio secondo il quale non versa in colpa il medico che si attenga alle linee guida, e in via subordinata alle buone pratiche, sempre che il caso concreto non imponga l'allontanamento da quei parametri.
La legge Gelli Bianco è stata approvata il 28 febbraio 2017[232]. Si è, così, introdotto l'art. 590-*sexies* nel codice penale: "Responsabilità colposa per morte o lesioni personali in ambito sanitario". *Se i fatti di cui agli articoli 589 e 590 sono commessi nell'esercizio della professione sanitaria, si applicano le pene ivi previste salvo quanto disposto dal secondo comma.*
Qualora l'evento si sia verificato a causa di imperizia, la punibilità è esclusa quando sono rispettate le raccomandazioni previste da linee guida come definite e pubblicate ai sensi di legge ovvero, in mancanza di queste, le buone pratiche clinico assistenziali, sempre che le raccomandazioni previste dalle predette linee guida risultino adeguate alle specificità del caso concreto.
Viene inoltre espressamente abrogato l'art. 3 della l. 189/2012.
Come già accaduto con la riforma del 2012 anche la legge 28 febbraio 2017 collega l'osservanza delle linee guida o, in subordine, delle buone pratiche clinico-assistenziali alla limitazione della responsabilità penale.
Qualora l'evento avverso sia verificato a causa di imperizia, la punibilità è esclusa. Ciò può avvenire solo nel caso in cui siano state rispettate le raccomandazioni previste dalle linee guida come definite e pubblicate ai sensi di legge ovvero, in mancanza di queste, le buone pratiche clinico-assistenziali, sempre che le raccomandazioni previste dalle predette linee guida risultino adeguate alle specificità del caso concreto.

---

232 MONTANARI VERGALLO, La nuova responsabilità medica dopo la riforma Gelli-Bianco, Dike, 2017, pp. 2 e sgg.

Con questa formulazione il legislatore elude uno de motivi di incostituzionalità *ex* art. 3 Cost. che potevano essere mossi all'art. 3 d.l. n. 158/2012,

Quindi l'imperizia diventa irrilevante dal punto di vista penale anche quando, mancando le linee guida, il professionista segue le buone pratiche clinico-assistenziali.

La riforma si pone sulla strada già intrapresa dalla giurisprudenza in materia di prova scientifica, di superare la tendenza a basare la decisione sulle sole opinioni degli esperti consulenti delle parti e d'ufficio.

Infatti, subito dopo l'entrata in vigore del decreto Balduzzi la giurisprudenza aveva chiarito che "I periti non dovranno essere chiamati ad esprimere (solo) il loro personale seppur qualificato giudizio, quanto piuttosto a delineare lo scenario degli studi e a fornire gli elementi di giudizio che consentano al giudice di comprendere se ponderate le diverse rappresentazioni scientifiche del problema, vi sia conoscenza scientifica in grado di guidare affidabilmente l'indagine"[233].

Coerentemente, le successive pronunce hanno stabilito che, al fine di ottenere l'applicazione della causa di esonero della responsabilità prevista dall'art. 3 d.l. n. 158/2012, l'imputato deve allegare le linee guida alle quali sostiene di essersi uniformato. Ciò è necessario per "consentire al giudice di verificare: a) la correttezza e la accreditamento presso la comunità scientifica delle pratiche mediche indicate dalla difesa; b) l'effettiva conformità ad esse della condotta tenuta dal medico nel caso in esame"[234]. Occorre pertanto individuare compiutamente il contenuto della regola cautelare, vagliarne al meglio l'attendibilità e determinare il momento a partire dal quale le conoscenze allegate nel processo risultano notte e quindi applicabili.

Infatti la giurisprudenza ha chiarito che "è sempre necessario individuare la regola cautelare, pre-esistente alla condotta, che ne indica le corrette modalità di svolgimento, non potendo il giudice limitarsi a fare ricorso ai concetti di prudenza, perizia e diligenza

---

[233] Cass. pen., sez. IV, 29 gennaio 2013

[234] Cass. pen., Sez. IV, 18 dicembre 2014, rv. n. 21243

senza indicare in concreto quale sia il comportamento doveroso che tali regole cautelari imponevano di adottare"[235].

La preesistenza della regola cautelare consolidata e pubblicata appare, del resto, imprescindibile anche nella responsabilità civile.

La concreta utilità di questa riforma sarà rimessa alla capacità delle emanande linee guida di offrire ai professionisti chiare indicazioni di comportamento e, cosa non secondaria, basarsi su *standard* qualitativi idonei a tutelare al meglio la salute dei malati e non soltanto rendere sostenibile il sistema sanitario.

La Commissione Igiene e Sanità del Senato, consapevole di tale aspetto, ha disciplinato in modo più preciso e completo le emenande linee guida introducendo all'art. 5 i commi 2, 3 e 4.

Il comma 2 introduce i criteri per essere ammessi a far parte dell'elenco di soggetti legittimati ad elaborare le linee guida cui i professionisti dovranno attenersi. In tal modo il legislatore vincola il governo a prevedere paletti che offrano garanzie circa l'affidabilità dei soggetti legittimati a far parte delle liste *ex* art 5. Tuttavia, non prevede strumenti per evitare che la fonte secondaria individui misure poco garantiste del diritto alla salute dei pazienti.

La Commissione ha, perciò, inserito un meccanismo di verifica sulla qualità delle linee guida, successivamente alla loro elaborazione ma prima della loro pubblicazione. In particolare "l'Istituto Superiore di Sanità pubblica il proprio sito Internet le linee guida e gli aggiornamenti delle stesse indicati dal Sistema Nazionale Linee Guida (SNLG), previa verifica della conformità della metodologia adottata a standard definiti e resi pubblici dallo stesso Istituto, nonché della rilevanza delle evidenze scientifiche dichiarate a supporto delle raccomandazioni".

Quindi, tra il completamento della linea guida e la sua pubblicazione è necessario superare due fasi intermedie: inserimento del sistema nazionale per le linee guida (non ancora nel individuabile nei suoi

---

[235] Cass. pen., Sez. IV, 14 aprile 2016, rv. n. 31490, in *De Jure*, ha cassato la decisione di appello in quanto aveva affermato la responsabilità di un chirurgo per omicidio colposo ritenendo imprudente e/o imperita la manovra eseguita, ma senza indicare quali secondo te avrebbe dovuto porre in essere secondo prudenza e perizia.

caratteri) e la verifica di conformità da parte dell'Istituto superiore di sanità, organo a cui è affidato il controllo sul piano scientifico.
Quest'ultimo prima di procedere alla pubblicazione delle linee guida esegue due verifiche: 1) che la loro metodologia sia conforme a *standard* stabiliti e pubblicati dall'Istituto stesso; 2) che le evidenze scientifiche dichiarate a supporto delle raccomandazioni contenute nelle linee guida siano rilevanti.
In realtà, sebbene la *ratio* della norma consista nel garantire che le linee guida tutelino la salute dei pazienti, consentendo al professionista di conoscere in anticipo e con chiarezza le regole cautelari da osservare, va detto che quanto all'idoneità delle linee guida a tutelare la salute dei pazienti mancano, allo stato attuale, le indicazioni del livello di attendibilità delle evidenze necessarie per far assurgere a linee guida.
Pertanto si tratta di uno strumento per incentivare i professionisti a seguire le linee guida, riducendo, di fatto, la autonomia professionale perché l'art. 5 pone le linee guida come vincolanti.
Stando così le cose è concreto il rischio che le linee guida si traducano in un veicolo di medicina difensiva, inducendo i medici ad osservarle al solo fine di evitare la responsabilità, o di diminuire il *quantum debeatur* in sede civile, senza tenere in alcuna considerazione le effettive condizioni di salute del paziente considerato nel suo essere "caso concreto".

9. Il punto di vista di un anestesista-rianimatore

A mio avviso la classe medica andrebbe formata con appositi corsi durante i 6 anni di studio universitario alla Facoltà di Medicina e Chirurgia in modo da permettere ai medici di ottenere una preparazione più consapevole rispetto al tema dell'errore medico. Solo quando ho iniziato a studiare il diritto penale mi sono resa conto delle implicazioni medico legali che l'attività quotidiana comporta.
Purtroppo sia la Facoltà di Medicina che, soprattutto, le Scuole di Specializzazione non sono in grado, forse anche per pura pigrizia, di preparare i giovani medici ad esercitare la professione in modo corretto. Anzi, tanti errori vengono tramandati di generazione in generazione tra gli specializzandi, troppe volte abbandonati a se stessi, senza che nemmeno si abbia percezione della pericolosità che certe false convinzioni comportano.

Non ha senso, a mio avviso, cercare di cristallizzare le linee guida o le buone pratiche cliniche al fine di ritenerle un salvacondotto cui appellarsi in caso di procedimento penale. Se non altro perché non si può pensare di trasformare in regola cautelare ciò che, per sua natura, non può esserlo.
La Medicina resta un'arte che non può essere imbrigliata per e da una scelta legislativa.
Nella mia esperienza di consulente tecnico, peraltro, non mi sono mai trovata di fronte a condotte come quelle descritte in questo ultimo capitolo. Piuttosto, soprattutto in certe Regioni, mi sono trovata davanti a cartelle cliniche talmente male compliate (e, parallelamente, a casi clinici talmente mal gestiti) da non potere permettere nemmeno una ricostruzione attendibile degli eventi.
Ritengo, pertanto, che gli studi giuridici in materia penale dovrebbero rientrare a pieno titolo nella formazione del medico perché solo la consapevolezza dei risvolti giuridici delle proprie azioni (od omissioni) può permettere ad ogni medico di crescere nella professione in modo consapevole e di evitare tutta una serie di comportamenti che poi possono diventare "fatali" sia per i pazienti che, per i risvolti penali, per i medici stessi.

Bibibliografia

CARNELUTTI, La prova civile, 1915, Roma

CHIAVARIO, Commento al nuovo codice di procedura penale, Torino, 1990

CHIAVARIO, La riforma del processo penale, Torino, 1990

CORDERO, Procedura penale, Milano 2003

CRISTIANI, Manuale del nuovo processo penale, Torino, 1991

DI LANDRO, Dalle linee guida a dai protocolli all'individuazione della colpa penale nel settore sanitario. Misura oggettiva e soggettiva della *malpractice*, Giappichelli, 2012

DOMINIONI, La prova penale scientifica. Gli strumenti scientifico-tecnici nuovi o controversi e di elevata specializzazione, Giuffrè, 2005

FERRUA, Contraddittorio e verità nel processo penale, Torino, 1993

FORTUNA - DRAGONE - FASSONE - GIUTOZZI - Pignatelli, Manuale pratico del nuovo processo penale, Padova, 1995

GIUNCHEDI, Gli accertamenti tecnici irripetibili (tra prassi devianti e recupero della legalità), Utet giuridica, 2009

IACOVIELLO, La Cassazione penale. Fatto, diritto e motivazione, Giuffrè, 2013

KALB, il documento nel sistema probatorio, Torino, 2000

KOSTORIS, I consulenti tecnici nel processo penale, Milano, 1993

MENDOZA - MERCON - MERCON, La perizia e la consulenza tecnica nel processo penale, Padova, 1994

MIUCCI, La testimonianza tecnica nel processo penale, Giuffrè 2011

MONTANARI VERGALLO, La nuova responsabilità medica dopo la riforma Gelli-Bianco, Dike, 2017

NAPPI, Guida al codice di procedura penale, Milano, 2004

POPPER, La logica della scoperta scientifica. Il carattere autocorrettivo della scienza, traduzione di Mario Trinchero, Collana Paperbacks n.14, Torino, Einaudi, 1970

RIVELLO, La prova scientifica, Giuffrè, 2014

SAMMARCO, Metodo probatorio e modelli di ragionamento nel processo penale, Milano, 2001

TAORMINA, Il regime della prova nel processo penale, Torino, 2007

TARUFFO, La prova dei fatti giuridici, Giuffrè, 1992

TODESCHINI, La responsabilità medica, UTET Giuridica 2016

TONINI, Diritto Processuale penale, Giuffrè, 2013

UBERTIS, La prova penale. Profili giuridici ed epistemologici, Torino, 1995

Ringraziamenti

Gran parte di questi anni sono stati caratterizzati da indagini a mio carico, tuttora in corso, e da un processo militare che ha messo a dura prova la mia serenità e la mia lucidità.
Sono stata fortunata per aver avuto la stampa nazionale e internazionale a mio favore e per aver dimostrato che le cose giuste, anche se col tempo e dopo molte umiliazioni, vengono riconosciute essere tali anche dalle sentenze.
Ringrazio, in primis, l'Università Niccolò Cusano per avermi permesso di ottenere una solida preparazione giuridica e il Prof. Filippo Giunchedi per essere stato un docente di procedura penale di grande qualità.
Devo molto all'Università N. Cusano. Se sono riuscita a restare presente a me stessa durante i lunghi mesi del processo militare lo devo alle basi culturali che ho raggiunto durante questo corso di laurea, perché la conoscenza e la cultura sono le uniche armi che si possono usare "senza limitazioni".
Ringrazio l'avv. Claudio Mellone di Napoli, per avermi seguita in tutti gli esami fondamentali, per avermi aiutata e spronata a comprendere ogni sfumatura delle materie studiate ed avermi obbligata ad una metodologia di studio rigorosa e completa.
Ringrazio il dott. Marco Rossetti, Consigliere della Corte di Cassazione, per essere stato un impareggiabile maestro e avermi permesso di diventare un consulente tecnico "consapevole" del ruolo che deve rivestire.
Ringrazio le famiglie delle vittime di malasanità che mi hanno affidato la consulenza tecnica per ottenere giustizia. Il compito non è facile, ma i risultati ottenuti mi confortano della fatica e dell'impegno profuso.
I manuali di legge mi hanno seguita ovunque in questi anni: dalle sale operatorie, dove ho sfruttato ogni minuto di pausa per studiare o ripassare, alle missioni all'estero, come Ufficiale Medico dell'Esercito in Kosovo e come anestesista di MSF in Afghanistan.
In questi anni, soprattutto dal 2012, la mia vita è cambiata molto. Forse in meglio, perché sono diventata una persona più matura e responsabile dopo la durissima esperienza in Kosovo.
Nessuna persona può dirsi adulta, a mio avviso, se non passando attraverso esperienze drammatiche per risolvere le quali la sola via

di sopravvivenza rimane la fermezza nei propri ideali e il restare fedeli a se stessi anche quando non converrebbe farlo.
Tuttavia, nessuno può farcela da solo.
Ringrazio di cuore l'Ammiraglio Luigi Binelli Mantelli per avermi ridato la fiducia in me stessa nel momento in cui stava pericolosamente vacillando e per avermi fatta sentire un Ufficiale degno di portare le stellette.
Infine, ma non per importanza, devo ringraziare un marinaio.
C'è stato un (lungo) periodo tra fine 2013 e inizio 2014, in cui credevo che, nonostante tutti i miei sforzi, non avrei potuto farcela. Mi sentivo sola, in mezzo ad un oceano in tempesta -la peggiore della mia vita-senza nessuna possibilità di restare a galla.
Quel marinaio mi ha lanciato un salvagente.
Aggrappata a quello ho iniziato prima a galleggiare, a respirare più tranquilla, e poi a nuotare verso la riva.
Si ringrazia Primiceri editore per la pubblicazione di questo saggio.

SOMMARIO

CAPITOLO 1
INTRODUZIONE - LE PROVE IN GENERALE

CAPITOLO 2 - I MEZZI DI PROVA

CAPITOLO 3 - ATTIVITA' DI INDAGINE DEL PUBBLICO MINISTERO. INCIDENTE PROBATORIO

CAPITOLO 4 - LA PROVA SCIENTIFICA: GENERALITA'

CAPITOLO 5 - LA PROVA SCIENTIFICA: CONSULENZA TECNICA E PERIZIA